LES
PRIVILÈGES SUR LE NAVIRE
POUR
FOURNITURES ET RÉPARATIONS

(ÉTUDE DE DROIT COMPARÉ)

PAR

S. CARRUS

Docteur en Droit

PRÉFACE

DE

HENRI AUBRUN

Avocat à la Cour

Professeur à la Faculté libre de Droit de Paris

PARIS

LIBRAIRIE GÉNÉRALE DE DROIT & DE JURISPRUDENCE

Ancienne Librairie Chevalier-Marescq et C⁰ et ancienne Librairie F. Pichon réunies

R. PICHON ET R. DURAND-AUZIAS, ADMINISTRATEURS

Librairie du Conseil d'État et de la Société de Législation comparée

20, RUE SOUFFLOT (5ᵉ ARRᵗ)

1928

LES PRIVILÈGES SUR LE NAVIRE

POUR

FOURNITURES ET RÉPARATIONS

(ÉTUDE DE DROIT COMPARÉ)

LES
PRIVILÈGES SUR LE NAVIRE

POUR

FOURNITURES ET RÉPARATIONS

(ÉTUDE DE DROIT COMPARÉ)

PAR

S. CARRUS

Docteur en Droit

PRÉFACE

DE

HENRI AUBRUN

Avocat à la Cour
Professeur à la Faculté libre de Droit de Paris

PARIS
LIBRAIRIE GÉNÉRALE DE DROIT & DE JURISPRUDENCE
Ancienne Librairie Chevalier-Marescq et C^le et ancienne Librairie F. Pichon réunies
R. PICHON et R. DURAND-AUZIAS, ADMINISTRATEURS
Librairie du Conseil d'État et de la Société de Législation comparée
20, RUE SOUFFLOT (5e ARR^t)
—
1928

A LA MÉMOIRE DE MA MÈRE CHÉRIE

PRÉFACE

Parmi tant de monographies consacrées, depuis une vingtaine d'années, aux problèmes si variés que pose le droit maritime, on n'en trouverait guère qui se soient attachées à l'étude des privilèges. La matière est d'aspect peu engageant et passe pour sévère. Apparence trompeuse et réputation peu méritée ; l'ouvrage que publie sur ce sujet M. S. Carrus en est une nouvelle démonstration.

En réalité, le sujet est des plus pratiques et des plus vivants ; les praticiens savent la gravité des intérêts qu'il met en jeu. Entre tous les privilèges, celui que réclament les « fournisseurs » — le privilège sur le navire pour fournitures et réparations — a peut-être soulevé le plus de controverses, non seulement en droit français, comme on peut le constater en considérant notre jurisprudence, mais encore en droit international privé : les conflits de lois auxquels il donne lieu sont particulièrement malaisés à résoudre. On sait, au surplus, que, dans les discussions qui ont préparé la Convention internationale de 1926, si l'accord s'est établi assez facilement sur la plupart des privilèges, soit pour leur suppression, soit pour leur maintien, celui des « fournisseurs » pour créances nées en cours de route a été vivement débattu.

*
**

C'est assez dire l'intérêt particulier que présente l'étude de ce privilège. Dans l'ouvrage que lui consacre M. S. Carrus, on trouvera le tableau, en ses traits essentiels, de notre législation, ainsi que l'examen des principales questions qui se posent devant l'interprète. Questions assurément complexes ; si quelques-unes des solutions proposées par l'auteur peuvent appeler des réserves ou soulever un doute, on reconnaîtra du moins, dans le détail des controverses, un exposé sincère de leurs éléments, et, dans le raisonnement, à côté du respect que méritent les textes, le souci toujours présent de conformer les solutions à l'idéal d'équité et aux nécessités de la pratique. Le tableau du droit français se complète d'aperçus, nécessairement succincts, sur quelques législations étrangères particulièrement caractéristiques. Une étude sur les conflits de lois en constitue le complément normal ; elle amène à conclure que, sur ce terrain, la solution même la meilleure est encore, en pratique, pleine de graves inconvénients.

Mais, si intéressants que soient les développements consacrés à l'état présent des choses, plus attachantes peut-être encore sont les pages où est envisagé l'avenir de la question, un avenir prochain, immédiat peut-être et qui peut se lever dès demain, par l'établissement des législations nationales calquées sur la Convention internationale de Bruxelles du 10 avril 1926.

Ce résultat, entrevu et désiré depuis trente ans : une législation uniforme des privilèges, et qui est sur le point de se réaliser, quelle longue suite d'efforts il aura demandée ! Les débuts, les progrès, les lenteurs, les reprises, l'aboutissement enfin de cette difficile entreprise, on les verra ici retracés. Dans cette histoire, le privilège des « fournisseurs », au moins quant aux créances nées en cours de route, a eu sa large part de vicissitudes. Condamné d'abord comme inutile en l'état actuel des communications ou comme dangereux pour la situation du créancier hypothécaire, puis rétabli, il a été finalement maintenu. Il semble bien que cette solution, aujourd'hui acquise, soit, comme l'estime l'auteur, la plus satisfaisante : elle tient compte des exigences de la réalité et elle sauvegarde, avec ce privilège, une des formes nécessaires du crédit.

*
**

Vers le milieu du XIXe siècle, Dufour — dans l'Introduction à son Commentaire des deux premiers titres du Code de commerce — déplorait le dédain et l'abandon où était tombé le droit maritime. « La législation de la mer, écrivait-il, n'a point aujourd'hui le don de provoquer les études opiniâtres. » Les temps *sont bien changés : sans parler des grands Traités parus depuis lors sur l'ensemble du droit maritime, combien d'études publiées sur des questions spéciales ! Dans ce vaste domaine, M. S. Carrus s'est choisi, avec une heureuse hardiesse, d'explorer un canton d'apparence ingrate. Ses lecteurs l'y suivront avec profit, et sans peine, grâce à un style où l'expression est toujours nette et à une exposition qui se développe, d'un mouvement sûr, en pleine lumière. Nul doute que son ouvrage ne prenne place, comme il le mérite, en bon rang, au nombre de ceux qui contribuent efficacement au progrès du droit maritime.*

27 février 1928.

Henri Aubrun,
Avocat à la Cour d'appel,
Professeur à la Faculté libre
de Droit de Paris.

INTRODUCTION

Nécessaires à la navigabilité du navire ou à sa conservation, les frais d'aménagement, d'équipement, ou de réparations… sont inhérents à l'expédition maritime.

De tout temps, la question des ressources nécessaires pour y faire face a préoccupé les armateurs.

Sans doute, l'armement, le ravitaillement, le radoub du navire, le paiement des gages de l'équipage… n'exigeaient pas, autrefois, des sommes aussi considérables qu'aujourd'hui.

Mais le propriétaire était moins riche que l'armateur actuel.

Les risques, plus nombreux, de la navigation augmentaient la fréquence de ses pertes.

Souvent contraint, pour se procurer des ressources, de faire appel au crédit, il se heurtait à l'ignorance, à la timidité, à la méfiance des prêteurs.

Réduit à n'offrir à ses créanciers que la garantie de sa solvabilité, l'armateur, en quête d'argent, se serait trouvé devant le vide absolu.

Convaincu de l'importance des contrats relatifs à l'expédition maritime, le législateur de 1807 s'est préoccupé des sûretés que l'armateur devrait offrir à ses créanciers. Fidèle à une longue tradition, le Code de Commerce a déclaré privilégiés, sur le navire, ceux qui, en raison de la nature de leurs créances, lui ont paru plus particulièrement dignes d'intérêt.

Seul des privilèges consacrés par l'art. 191, celui attaché aux créances de fournitures et réparations, retiendra notre attention, tant à cause de son application pratique, que des discussions auxquelles il a donné lieu.

Nous nous proposons d'étudier en lui-même le privilège de l'art. 191, al. 5, 7, 8, et, en présence des attaques dont il est, depuis quelques années, l'objet, de rechercher son utilité actuelle, et s'il y a lieu ou non de le maintenir.

La question de sa suppression n'est, d'ailleurs, qu'un aspect de la question, plus générale, de la réduction du nombre des privilèges.

Pour expliquer, sinon justifier, cette levée de boucliers, il importe de rappeler, brièvement, la condition des entreprises modernes d'armement, et les changements qui se sont produits, dans notre législation, relativement au crédit maritime.

Plus que toute autre, l'industrie des armements exige des capitaux énormes.

L'importance des besoins de la navigation moderne a fait apparaître, à côté des armateurs individuels, de grandes Sociétés commerciales. L'émission d'actions (ou d'obligations), souscrites par le grand public français, a succédé au prêt direct consenti à l'armateur. Nous nous contenterons de constater ce fait, sans en recherchant les causes, que la faiblesse de leurs dividendes n'était pas de nature à stimuler les prêteurs.

Quant aux entreprises individuelles, s'il en était, parmi elles, qui soutenaient dignement l'honneur du pavillon national, il en existait aussi beaucoup d'autres d'envergure restreinte, ignorées du public. Contraintes, pour étendre leur champ d'action, de solliciter l'appui de banques, plus ou moins spécialisées dans ce genre d'affaires, elles payaient cher des avances parcimonieusement comptées

En résumé, pour les armateurs comme pour nos sociétés d'armement, le défaut de capital était la crise qui les affligeait le plus (1).

L'extension, *mutatis mutandis,* au commerce maritime, des dispositions du Code civil relatives à l'hypothèque devait, dans la pensée du législateur, leur permettre de faire appel, plus aisément, au crédit.

L'application de la loi du 10 décembre 1874, refondue dans celle du 10 juillet 1885, a déçu les espérances de ses promoteurs. Sans doute, l'hypothèque commence à jouer un rôle, plus sérieux que par le passé,

---

(1) M. Bergasse, un des principaux représentants de l'armement. V. GRASSIN, *Du crédit maritime et de son organisation en France.* Thèse, Paris, 1921, p. 28.

dans les affaires maritimes (1). Mais les chiffres des prêts, déduction faite des hypothèques prises sur les bâtiments de l'Etat, atteignent encore un total trop minime, si on les compare aux capitaux énormes que nécessite l'industrie française des armements (2).

On a recherché les raisons de cet insuccès, et on les a trouvées dans l'imperfection de notre régime hypothécaire jointe à la cherté des capitaux que les armateurs trouvent à emprunter.

A l'instar du Code civil, l'art. 191 nouveau (dernier alinéa) fait passer le créancier hypothécaire après le créancier privilégié.

Mais, dit-on, si en Droit terrestre, les privilèges sont peu nombreux, et garantissent des créances relativement peu importantes, il n'en est pas de même en Droit maritime. Tous les fournisseurs du bord, tous les entrepreneurs qui effectuent des travaux à bord, notamment, priment le créancier hypothécaire. Or, le vapeur moderne dévore 400 tonnes de charbon par jour, le remplacement des chaudières exige, aujourd'hui, des sommes considérables.

De là, à proposer la suppression de notre privilège, il n'y avait qu'un pas.

D'aucuns, à l'exemple des législateurs de Belgique et de Grèce, l'ont franchi allègrement.

D'autres, partisans du système des Codes français, allemand..., se sont prononcés pour son maintien.

---

(1) Ripert, *Droit maritime*, 2ᵉ édition, tome II, p. 25.
(2) Grassin, *Thèse précitée*, p. 46.

Mais voilà que, dans une matière qui intéresse au plus haut point, le commerce maritime, l'examen des textes des lois nationales révèle une opposition souvent radicale.

Les relations avec l'étranger se développent chaque jour. Les voyages deviennent plus longs pour être rémunérateurs, les relâches, plus fréquentes pour ravitaillement ou accidents de navigation.

Des conflits de lois, si nombreux et si délicats, nous le verrons, vont naître de ce contact avec les différents pays du monde, que l'unification des législations nationales apparaîtra comme la seule solution désirable.

Des conférences internationales d'initiative privée, ou diplomatiques, se tiendront pour l'unification de certaines règles relatives aux hypothèques et aux privilèges maritimes. Les unes prépareront des projets de traités, les autres élaboreront des conventions.

La dernière en date, établie par la conférence diplomatique tenue à Bruxelles, en 1926, consacre le maintien du privilège des fournisseurs et réparateurs, et sa priorité à l'égard de l'hypothèque.

L'unification est en bonne voie de réalisation. Rompant avec les errements des conférences antérieures, paralysées par le souci de recueillir des adhésions (1), l'illustre assemblée s'est, en toute indépendance de

_____

(1) Efforts vainement tentés par la Conférence de Bruxelles, pour obtenir des Etats-Unis la ratification du projet de convention de 1922 (Conférence, 1922, Sous-Commission, 1923).

cause, ralliée au seul système défendable, du point de vue de l'Equité, de la Pratique et du Droit. Nous essayerons, en effet, de montrer quelle part d'erreur, ou d'exagération, contiennent les arguments invoqués par les adversaires du privilège des fournisseurs et réparateurs.

Tel est, rapidement indiqué, l'objet du présent travail.

Sans doute, les questions auxquelles il donne lieu ne mettent pas en jeu des principes juridiques de nature à susciter, sur le terrain du droit, des controverses aussi originales que... spéculatives. Pour être d'ordre pratique, les problèmes qu'elles soulèvent sont-il moins complexes et moins délicats ? Bien au contraire! Aussi nous serions-nous, peut-être, détournée de leur étude si, notre savant Maître, M. Ripert, n'avait guidé nos recherches et facilité nos travaux. Il voudra bien trouver ici l'expression de notre respectueuse reconnaissance.

Qu'il nous soit également permis d'adresser nos remerciements à M. le professeur Aubrun, dont les conseils éclairés nous ont été, sur plus d'un point, profitables.

PREMIÈRE PARTIE

Les Privilèges des Fournisseurs et Réparateurs du navire en Droit Français

Le privilège est une exception au droit commun qui consacre l'égalité des créanciers. L'art. 2095 C. civ. le définit : « un droit que la qualité de la créance donne à un créancier d'être préféré aux autres créanciers, même hypothécaires ».

Il a paru au législateur que le créancier, qui avait fait des frais pour conserver une chose, méritait d'être payé avant tous les autres, sur la valeur de cet objet, parce que c'était grâce à lui que le gage commun subsistait encore.

L'art. 2102 al. 3 C. civ. établit, en termes généraux, le privilège des « frais de conservation », c'est-à-dire des dépenses faites pour empêcher la chose de périr en totalité ou en partie, et aussi, de l'avis de la Doctrine, de celles sans lesquelles elle serait devenue impropre à l'usage qui lui donne sa valeur (1).

(1) Aubry et Rau, *Cours de Droit civil français*, 5ᵉ édition, tome III, p. 258 ; Baudry-Lacantinerie et de Loynes, *Traité théorique et pratique de Droit civil. Du Nantissement, des Privilèges et Hypothèques et de l'Expropriation forcée*, tome I, p. 456.

Si ce privilège ne s'applique plus aujourd'hui aux immeubles (sans qu'on puisse, d'ailleurs, justifier cette exclusion) il concerne, en revanche, tous les meubles, sans distinction. Les frais faits pour la conservation du navire, ou sa mise en état de navigabilité, rentrent donc dans le champ d'application de l'art. 2102 al. 3.

Deux des raisons qui, sur d'autres points, justifient le caractère particulier des règles juridiques auxquelles donne lieu la navigation, trouvent ici leur application (1). Nous nous contenterons de les signaler. Les dangers que font courir les expéditions maritimes à la fortune des hommes, la nécessité de favoriser le développement de la marine marchande, eu égard à l'importance des services qu'elle rend à toutes les industries nationales, expliquent le traitement spécial réservé, par l'art. 191 C. com., au « conservateur » du navire.

Mais alors la question se pose de savoir si le fournisseur ou le réparateur aura le droit d'invoquer, subsidiairement, le privilège de l'art. 2102 al. 3, soit que les conditions requises pour le privilège de droit maritime n'aient pas été remplies, soit qu'une cause spéciale d'extinction se soit produite. Nous tâcherons de la résoudre au cours des pages qui vont suivre.

Les chapitres I et II de cette Première Partie seront consacrés aux privilèges attachés aux créances visées par les art. 191 et 2102 al. 3. Nous réunirons dans le Chapitre III les questions relatives à leurs effets.

---

(1) Lyon-Caen et Renault, *Traité de Droit commercial*, 4ᵉ édition, tome V, p. 1.

CHAPITRE PREMIER
Le privilège de l'art. 191 (al. 5, 7, 8), C. com.

SECTION I. — *Ses origines.*

Avant d'aborder l'étude détaillée de l'art. 191, il importe d'en rechercher, d'ailleurs brièvement, les origines. Nous nous proposons d'indiquer, dans la présente section, au moyen des documents que nous avons pu rassembler sur la matière, les éléments puisés dans le Droit Romain et l'Ancien Droit, par les rédacteurs du Code de 1807, dont la fusion devait aboutir au privilège qui fera l'objet de ce travail.

Le Droit Romain, bien qu'incomplet, offre d'intéressantes ressources.

D'après deux fragments empruntés à Paul et à Marcien par les rédacteurs des Pandectes, jouissait d'un privilège général celui qui prêtait de l'argent pour réparer ou gréer un navire (1). Une raison

(1) 24, § 1, 26, D. de rebus auct. jud. XLII, 5 : « Qui in navem (exstruendam vel) instruendam, vel etiam emendam credidit privilegium habet (fabricandæ), emendæ, vel armandæ causâ navis ».

Telle est aussi l'origine du privilège de l'art. 2102, al. 3, C. civ.

d'ordre public, activer le commerce maritime, a, suivant Ulpien, donné naissance à ce privilège (1).

Simple droit de préférence, ce privilège était conforme à la conception du *privilegium inter personales actiones*. Mais quel était son rang ?

Accurse, se fondant sur un sénatus-consulte de Marc-Aurèle (2), aux termes duquel celui qui prêtait de l'argent pour réparer une maison, avait le bénéfice d'une hypothèque tacite privilégiée, soutenait que les lois romaines conféraient à quiconque prêtait, pour réparer ou gréer un navire, un privilège absolu, préférable à l'hypothèque.

Certes, l'assimilation du prêt sur les édifices au prêt sur les navires peut se concevoir. Mais l'opinion d'Accurse doit être repoussée en l'absence de texte dérogeant, pour la créance du prêteur sur les édifices, à la règle posée par la loi 9 C. *qui potiores in pignore* (VIII, 17) (3).

Il convient cependant d'ajouter que, lorsque le créancier hypothécaire sur le navire fournissait de l'argent pour le réparer ou pour en renouveler les provisions pendant le voyage, il était préféré aux autres créanciers. En permettant au navire d'arriver à destination, il conservait le gage commun (4).

---

(1) ULPIEN, fr. 1, § 20, *De Exercitoria actione : Ad summam rempublicam, navium exercitio pertinet.*
(2) Rapporté par Papinien, fr. 1 D. in quibus causis pig. vel hyp.
(3) V. DE ROUX, *Du prêt à la grosse,* Thèse, Toulouse, 1862, p. 24.
(4) D. XX, 4, 5 : Ulpianus III Disputationum : interdum

Les coutumes du Moyen Age ne devaient pas coordonner le système du Droit Romain.

Aux termes du chapitre 62 du Consulat de la Mer :
« Comment le marchand doit prêter au patron pour
« la mise en état du navire (1), lorsque le patron
« manque d'argent et n'en trouve pas, s'il est dans un
« lieu désert où il ait besoin d'argent pour mettre le
« navire en état, et si les marchands n'ont pas de fonds,
« ils doivent vendre de leurs marchandises pour mettre
« le navire en état. Aucun prêteur précédent ni aucun
« actionnaire ne peuvent s'opposer à ce que ces mar-
« chands soient payés avant eux, sauf le salaire des
« matelots, mais il faut entendre que le marchand
« voie et s'assure que ce qu'il prêtera est destiné à la
« mise en état du navire et est nécessaire pour cet
« objet. »

Le Règlement de Procédure devant les juges
consuls de Valence (2), concédé à Perpignan en 1348,
complète le Consulat de la Mer. Chapitre 34 : Du cas
où le navire est vendu après un voyage.... : « Si, sur
« la poursuite des créanciers, un navire est vendu,

posterior potior est priori : utputa si in rem istam conser-
vandam impensum est, quod sequens credidit, veluti si navis
fuit obligata, et ad armandam eam vel reficiendam ego cre-
didero. D. XX, 4, 6 : Ulpianus LXXIII ad Edictum : hujus
enim pecunia salvam fecit totius pignoris causam : quod
poterit quis admittere et si in cabaria nautarum fuerit credi-
tum, sine quibus navis salva pervenire non poterat. V. PAR-
DESSUS, *Collection de lois maritimes antérieures au* xviii^e
siècle, tome I, p. 112-113.

(1) PARDESSUS, tome II, p. 110.

(2) PARDESSUS, tome V, *Règlement de Procédure consulaire de 1343*, p. 389.

« après avoir fait un voyage, on paiera sur le prix qui
« en proviendra :

« [1° les serviteurs et matelots...]

« 2° les prêteurs et les créanciers sur le navire... »

Les dispositions du chapitre 19 du Guidon de la
Mer (1) sont beaucoup moins claires. Il y est dit que
« les obligations contractées, par le maistre du navire,
« pour subvenir au radoub, vivres, munitions ou
« autres choses pour voyages entrepris ont spéciale
«, hypothèque sur les deniers procedans du fret, au
« préjudice des debtes antérieures, soient mobiliaires,
« hypothécaires ou foncières. »

D'après l'ordonnance de 1681 (l. 1, t. 14, de la saisie
et vente des vaisseaux et de la distribution du prix,
art. 16) (2) « les loyers des matelots employez au der-
« nier voyage seront payez par préférence à tous
« créanciers; après eux, les opposans pour deniers
« prestez pour les nécessités du navire pendant le
« voyage; ensuite, ceux qui auront presté pour radoub,
« victuailles et équipement avant le départ; en qua-
« trième lieu, les marchands chargeurs; le tout par
« concurrence entre les créanciers estans en mesme
« degré de privilège. »

Le Commentaire de Valin (3) et le Traité d'Emerigon (4) complétaient ces dispositions. C'est encore à

---

(1) PARDESSUS, tome II, p. 424.
(2) PARDESSUS, tome IV, p. 345.
(3) VALIN, *Commentaire de l'Ordonnance* (1760).
(4) EMERIGON, *Traité des Assurances et des contrats à la grosse* (1783).

leur lumière que nous éclairerons l'art. 191 de notre Code de commerce.

SECTION II. — *Détermination des créances privilégiées.*

« Aux termes de l'art. 191, sont privilégiées.... les
« dettes ci-après désignées :
« 5° les frais d'entretien du bâtiment et de ses
« agrès et apparaux, depuis son dernier voyage et
« son entrée dans le port.
« 7° les sommes prêtées au capitaine pour les
« besoins du bâtiment pendant le dernier voyage, et
« le remboursement du prix des marchandises par
« lui vendues pour le même objet.
« 8° les sommes dues aux créanciers pour fourni-
« tures, travaux, main-d'œuvre, pour radoub, vic-
« tuailles, armement et équipement, avant le départ
« du navire, s'il a déjà navigué ».
Nous allons les retrouver en suivant le cours de l'expédition maritime.

§ 1ᵉʳ. — Nature des créances privilégiées.

I. — *Fournitures et réparations antérieures au départ du navire, de son port d'armement* (1).

L'art. 191, al. 8 *in fine,* inspiré du Commentaire de Valin, reconnaît un caractère privilégié aux créances nées à raison des fournitures, travaux, main-d'œuvre, pour radoub, victuailles, armement et équipement.

(1) Req., 23 mars 1869, D. 1870, 1, 103.

Les travaux et main-d'œuvre pour radoub (1), cela comprend, dirait Valin, les réparations effectuées par les charpentiers, calfateurs et autres ouvriers dont la main-d'œuvre a été utile au navire.

Les fournitures pour radoub : les fournitures de bois, planches, fer... qui y ont été employés.

Les fournitures pour victuailles : les vivres nécessaires au voyage, la nourriture fournie par les cabaretiers aux matelots et autres gens de l'équipage, par ordre du Maître.

Les fournitures pour armement et équipement : les fournitures de voiles, cordages, et généralement de tout ce qui a servi à mettre le navire en état de faire le voyage.

Il peut arriver qu'un navire neuf, resté dans le port, sans avoir été mis en service, ait besoin, pour naviguer, de fournitures ou de réparations.

Le Code, n'ayant statué que *de eo quod plerumque fit*, la jurisprudence (2) et la doctrine sont d'accord pour étendre le privilège de l'al. 8 *in fine* aux sommes dues à l'occasion de sa mise en état de navigabilité.

Bien que le cas du fournisseur ou du réparateur ait quelque chose de plus favorable que celui du prêteur, puisque les fournitures ou les réparations ne sont pas

______

(1) Req., 15 décembre 1897, D. 99, 1, 177. Les travaux privilégiés par l'art. 191, al. 8, sont ceux qui ont en vue les opérations nécessaires à la mise en état de navigabilité du navire, considéré comme le gage des créanciers, à l'exclusion de ceux qui concernent la manutention des marchandises composant le fret.

(2) Le Havre, 8 février 1902 [AUTRAN, XVIII, 37].

équivoques, au lieu que l'utile emploi des deniers est toujours susceptible de quelque doute (1), l'Ordonnance de 1681 ne prévoyait que l'hypothèse du prêteur : ordinaire, ou à la grosse.

Le Code de 1807 distingua selon la nature de l'emprunt et n'accorda de privilège qu'au prêt à la grosse; les lourdes charges entraînées par ce mode de crédit ne permettaient pas, sans doute, d'emprunter pour une cause autre que celle des besoins du navire. La loi du 10 juillet 1885 sur l'hypothèque maritime, modifiant celle du 10 décembre 1874, a abrogé l'al. 9 de l'art. 191.

Mais la question se pose de savoir si la suppression du privilège du prêteur à la grosse sur le navire (2), avant le départ, est ou non complète.

M. Desjardins, se fondant sur les inconvénients pratiques qui auraient causé la quasi-disparition de fait du prêt à la grosse, est partisan de la suppression complète. Ce n'est là qu'un argument d'ordre législatif.

Plus solide paraît celui de la distinction qu'introduit dans la loi le maintien du privilège pour les navires de moins de vingt tonneaux.

On peut, cependant, faire observer que la raison qui a commandé la suppression du privilège, ne se

---

(1) Emerigon, consulté en 1755 sur la question de savoir s'il fallait assimiler aux donneurs avant le départ, les fournisseurs de bois et cordages.

(2) L: privilège du prêteur à la grosse, sur marchandises, avant le départ, subsiste.

retrouve pas pour ces navires, non susceptibles d'hypothèque. Dès lors, *cessante ratione legis, cessat lex.*

La question ne paraît pas s'être posée en jurisprudence. C'est qu'en effet, l'intérêt pratique de la discussion est à peu près inexistant. Il suffira au prêteur de payer les fournisseurs ou les réparateurs pour invoquer, en vertu de la subrogation, non plus le privilège de l'al. 9, mais celui de l'al. 8!

II. — *Fournitures et réparations au cours du dernier voyage.*

Privilégiées, elles devaient l'être, à raison de leur caractère éminemment conservatoire, les créances de ceux qui, en pourvoyant aux besoins de la navigation, nés en cours de route, assurent l'arrivée du navire à destination.

Mais que faut-il entendre par besoins de la navigation ?

Ces besoins comprennent, non seulement les besoins du navire, c'est-à-dire ceux concernant l'état de sa coque, de ses agrès et apparaux, mais aussi les besoins de l'équipage (1).

La Cour de cassation ayant jugé que l'énumération de l'art. 234 C. com. n'est pas limitative (2), l'achat de

(1) Marseille, 19 juin 1835 [Marseille, 1835, 1, 296]. Fournitures faites à l'équipage, par ordre du capitaine, pendant une relâche, en logement, nourriture, blanchissage.

(2) Civ., 19 août 1879 [D., 1880, 1, 97]. L'interprétation restrictive de l'art. 234, contraire à l'ancienne jurisprudence maritime, dont rien n'indique que le législateur moderne

charbon, essence, chaudières, hélices, voiles, cordages ...doivent rentrer dans la notion de besoins, au même titre que le radoub et l'achat de victuailles, spécialement visés, en raison de leur urgence extrême, par le législateur.

Peu importe que les besoins soient ou non prévisibles et normaux.

Sans doute, certains arrêts (1) ont exigé, pour leur reconnaître un caractère privilégié, que les créances soient nées à l'occasion de besoins imprévus et extraordinaires. Mais nous ne saurions les suivre dans cette interprétation contraire aux termes mêmes de l'art. 191 al. 7.

L'examen des circonstances dans lesquelles la fourniture a été effectuée est inutile. Il est indifférent que la fourniture de charbon ait été faite à la suite d'un événement de mer, après une avarie de route, pour permettre au navire de gagner d'urgence un bassin de réparation, ou qu'elle l'ait été pour ses besoins de consommation normale.

Par cela seul qu'elle a permis au bâtiment de produire toute son utilité, de remplir sa fonction, en rendant possible la continuation du voyage, elle doit être privilégiée.

---

ait voulu s'écarter, et qui permettait au maître, en cours de voyage, de prendre deniers sur le corps et la quille du navire, pour radoub, victuailles, et autres nécessités du bâtiment, également combattue par les termes généraux de l'art. 191, al. 7, ne saurait être admise.

(1) Rouen, 21 juin 1909 [AUTR·N, XXV, 200].

Les adjectifs imprévus, extraordinaires, anormaux, qui accompagnent le mot « besoins », sont superflus (1) dans l'état actuel des textes et de la notion, couramment admise, de l'idée de conservation.

Seul l'adjectif « pressants » est à envisager.

Ayant ainsi déterminé la qualité de la créance, il convient maintenant de préciser la personne du créancier.

L'art. 191 al. 7 donne l'exemple d'une interprétation large en assimilant au prêteur, le chargeur, dont les marchandises ont été vendues.

Il faut donc prendre le mot « prêt » non dans son sens technique, mais dans son sens générique. Le Code eût d'ailleurs mieux fait d'employer l'expression « faire crédit » (2).

Seront privilégiés :

— Le fournisseur (3) et le réparateur (4) qui auront consenti terme.

— Le prêteur des deniers destinés à payer les fournitures et réparations au comptant, que ce prêteur

---

(1) Toute autre est la question de savoir si, du point de vue législatif, il ne serait pas préférable d'exclure de la notion de besoins ceux qui proviennent de l'insuffisance ou de la défectuosité de l'équipement ou de l'avitaillement au début du voyage. V. *infrà*, p. 1

(2) HENNEBICQ, *Droit maritime comparé*, 1ʳᵉ partie, *Le Navire*, p. 269.

(3) Rouen, 26 novembre 1902 [AUTRAN, XVIII, 498]. Cette, 8 juillet 1923. Tables Dor, 1923, 526, n° 29.

(4) Havre, 8 février 1902, précité. — Bordeaux, 7 avril 1913 [AUTRAN, XXIX, 536]. Req., 26 oct. 1914 [AUTRAN, XXX, 436].

soit un prêteur ordinaire ou à la grosse ou le créancier hypothécaire, le capitaine, le capitaine d'armement (1).

— Le chargeur, sorte de prêteur — involontaire — du prix de vente de ses marchandises.

Le Code de commerce n'a envisagé que le cas de sommes prêtées « au capitaine ».

Peut-on étendre le privilège aux prêts faits directement à l'armateur ?

Les auteurs optent pour l'affirmative.

L'art. 191 al. 7 a, en effet, visé le capitaine en tant que représentant de l'armateur.

Le privilège est accordé, d'autre part, non à raison de la personne du débiteur, mais de la nature de la créance.

Envisageons le cas d'un créancier qui aurait créé pour recouvrer les sommes qui lui sont dues, une traite, postérieurement acceptée par l'armateur.

Cette hypothèse est voisine de celle du vendeur d'un fonds de commerce qui accepte des effets souscrits par son débiteur. La Cour suprême (2) a estimé qu'il n'y avait là qu'un mode de règlement de la créance, et non une novation, parce que la novation suppose l'*animus novandi* du créancier.

Adaptant cette solution au Droit Maritime, la Cour de Bordeaux (3) a très justement décidé que le fait de la substitution de l'engagement personnel de l'ar-

---

(1) Le Havre, 13 février 1904 [AUTRAN, XIX, 854].
(2) Civ., 28 avril 1900, D., 1901, 1, 17.
(3) Bordeaux, 7 avril 1913, précité.

mateur à sa responsabilité limitée, n'était pas suffisant pour emporter novation.

Le privilège de l'art. 191 al. 7 peut-il naître du fait d'un armateur qui n'est pas propriétaire, mais seulement locataire du navire ?

En droit terrestre, le privilège ne peut dériver que du fait du propriétaire de la chose affectée. Il n'y a pas de privilège sur la chose d'autrui. On ne concevrait pas que les fournisseurs d'un locataire ou que les ouvriers, qui ont effectué des réparations locatives pour son compte, aient un privilège sur la maison (1).

Il semble que ce soit différent en Droit Maritime (2).

Certains arrêts, cependant, n'accordent de privilège au créancier que dans le cas où il a cru, de bonne foi, effectuer fournitures ou réparations, pour le compte du propriétaire, et le lui refusent, au contraire, lorsqu'il a su qu'elles l'étaient pour le compte de l'affréteur (3). Dans ce dernier cas, le fournisseur ou le réparateur, en traitant avec l'affréteur, indéfiniment responsable, aurait implicitement fait abandon de son privilège (4).

---

(1) DANJON, *Traité de Droit maritime*, tome V, pp. 541 et s.

(2) Rouen, 12 janvier 1902 [AUTRAN, XIX, 21] donne l'explication de cette dérogation au droit commun. L'affréteur a, par le fait de la location du navire, le *mandat général* de faire le nécessaire pour *le salut* du bâtiment, et le capitaine, bien que choisi par l'affréteur, à l'exclusion de l'armateur, devient par suite le mandataire de ce dernier pour tout ce qui est relatif au navire et à son expédition.

(3) Marseille, 20 décembre 1865 [Marseille, 66 1, 33]. Bordeaux, 5 février 1906 [AUTRAN, XXII, 61].

(4) Req., 14 mars 1907 [AUTRAN, XXII, 739].

Mais l'abandon ou renonciation, pas plus que la novation, ne se présume.

Il n'y a pas, d'autre part, dans l'état actuel des textes, de rapport entre l'étendue du droit des créanciers et les garanties particulières qui leur sont accordées.

On peut enfin ajouter que la distinction faite par ces arrêts est « bien hardie ». Dans tous les cas, en effet, la question doit se réduire à ces termes : est-ce à l'affréteur, pour les besoins de l'affréteur, est-ce au navire, pour les besoins du navire, que la fourniture ou la réparation a été faite ? Dans ce dernier cas, où l'armateur n'eût pu autrement agir, l'affréteur n'a pas seulement géré sa propre affaire, et le fournisseur ou le réparateur, en préservant le gage commun a dû compter sur le gage commun (1).

Un jugement, à la vérité, déjà assez ancien du tribunal de Marseille, a décidé que les fournitures faites en mer, à un navire, dans un moment de détresse, constituent une « dette du navire » et donnent action au fournisseur contre l'armateur [bien que le navire naviguât à ce moment pour le compte d'un affréteur], sauf le recours de l'armateur contre l'affréteur (2).

---

(1) DESJARDINS, *Traité de Droit commercial maritime,* tome I, p. 257.

Il s'agit de droits réels, et c'est le navire qui est grevé. Les tiers n'ont pas à démêler les rapports existant entre les intéressés au navire. Ils ne connaissent que le navire. Bulletin C. M. I., Préface, pp. VIII et s. V. art. 13 avant-projet de la Sous-Commission de Bruxelles, 1913-1914. Annexes, p. 208.

(2) Marseille, 7 juillet 1865 [Marseille, 1865, 1, 221].

III. — *Fournitures et réparations postérieures au dernier voyage.*

Le navire a terminé son voyage. Le législateur, se préoccupant d'assurer le recouvrement des créances qui ont pour objet sa conservation dans le port, privilégie les « frais d'entretien ».

L'intérêt que présente la question de savoir ce qu'il faut entendre, exactement, par « frais d'entretien » n'est pas négligeable.

Il vient de ce que l'art. 191 al. 8 *in fine* « privilégie « les sommes dues aux créanciers pour fournitures, « travaux, main-d'œuvre, pour radoub, victuailles, « armement et équipement », que ces dépenses aient été effectuées avant le départ du navire, en vue du voyage qui vient de se terminer, ou que ces créances soient nées à l'occasion d'un nouvel armement (1).

Parmi les fournitures ou travaux effectués pour le compte d'un navire, quels sont ceux qui ne pourront invoquer que l'art. 191, al. 8, quels sont ceux, au contraire, qui pourront être admis en privilège, par application de l'art. 191 al. 5 ?

On peut comprendre dans les dépenses d'entretien des créances plus importantes que celle du racommo-

______

(1) Le privilège de l'art. 191 al. 8, tel que nous l'avons étudié p. 13, est perdu, non par le voyage entrepris, mais par l'accomplissement d'un nouveau voyage (*infra*, § II). Des créances de même nature peuvent donc naître postérieurement à l'arrivée du navire, mais avant qu'il ait entrepris un nouveau voyage. Pour le classement des privilèges, v. *infra*, chap. III.

dage des voiles et cordages, à laquelle Valin accordait un privilège de 5ᵉ rang (1).

Mais on se heurte, quand on veut préciser l'importance de ces créances, au double silence de la doctrine et de la jurisprudence.

Sans doute, les recueils de jurisprudence contiennent quelques décisions relatives à l'art. 191 al. 5. Mais ces décisions se bornent à définir les dépenses d'entretien, les travaux de conservation ou de préservation, nécessaires à maintenir le navire et ses accessoires en bon état, et à prévenir les détériorations qu'ils pourraient subir. Elles se préoccupent moins de les préciser que de leur opposer les dépenses qui ne sont pas des dépenses d'entretien.

Ainsi, ne sauraient être considérés comme dépenses d'entretien :

— Les frais de radoub et d'équipement (2), car l'art. 191 al. 5 n'a prévu que le cas où le navire se trouve dans le port, attendant un nouvel armement, et où on se borne à l'entretenir (3).

— Les travaux effectués, non pour maintenir le navire dans l'état existant, mais pour lui en créer un nouveau, en remédiant, par des travaux de réfection, à des avaries résultant, soit de la navigation, soit

(1) DESJARDINS, *op. cit.*, tome I, p. 242.
(2) Le législateur n'assigne qu'un rang inférieur aux frais faits en vue d'un nouveau départ, parce qu'il ne serait pas juste qu'on puisse spéculer sur l'usage de la chose, avant d'avoir désintéressé ceux qui l'ont conservée. Rouen, 30 no- . vembre 1899, S. 1892, 2, 42.
(3) Rouen, 26 novembre 1902, précité.

même de la vétusté (1), ou des vices de construction du bâtiment (2).

— Des fournitures de quincailleries neuves (3).

— Les travaux d'achèvement du navire. L'art. 191 al. 5 est inapplicable à un navire qui n'a jamais fait de voyage; le déplacement d'un bâtiment encore inachevé, dépourvu de gouvernail, de mâture, qui n'a point d'équipage, et qui n'est ni armé ni francisé, n'est pas un voyage (4).

§ 2. — Ces créances ne sont privilégiées qu'autant qu'elles se rapportent au dernier voyage.

Il convient, maintenant que nous avons défini la nature des créances privilégiées, de les circonscrire dans le temps.

Il ressort, en effet, des termes mêmes dont s'est servi le législateur, que ces différentes créances ne sont privilégiées qu'autant qu'elles se rapportent au voyage qui a précédé immédiatement la saisie et la vente du navire.

En droit pur, on ne conçoit pas qu'une créance privilégiée perde sa qualité au bout d'un certain temps (5).

---

(1) Contra WAHL, *Précis théorique et pratique de Droit maritime*, p. 400, n° 931 : La réparation des détériorations résultant de la vétusté a pour but de maintenir le navire en bon état ; elle devrait être privilégiée en vertu de l'art. 191, al. 5.

(2) Rouen, 30 novembre 1889 précité. Réparation de la coque du navire.

(3) Le Havre, 8 février 1902, précité.

(4) Le Havre, 28 mars 1912 [AUTRAN, XXVIII, 548].

(5) V. RIPERT, *op. cit.*, tome II, p. 104.

Sans doute, les privilèges maritimes, nés de l'expédition, sont accordés aux créanciers dans l'intérêt de chaque voyage. Mais on ne peut soutenir que les créances auxquels ils sont attachés cessent d'être conservatoires une fois le voyage terminé.

Tout ce que l'on peut dire, c'est que le créancier qui, le dernier, a effectué des dépenses de conservation, doit être préféré aux créanciers antérieurs auxquels ces dépenses ont profité. C'est le principe suivi en Droit Civil.

L'application de cette idée en Droit maritime conduirait à n'accorder aux créanciers de chaque voyage qu'une simple priorité sur ceux des voyages antérieurs.

Les rédacteurs du Code de commerce ne se sont pas ralliés à cette conception.

Ils ont cherché à éviter que les privilèges ne s'accumulâssent sur un seul navire. Cette accumulation aurait pu, pour l'avenir, faire perdre tout crédit au propriétaire et au capitaine (1).

Ainsi les privilèges ne subsistent jamais pendant plusieurs voyages et peu à peu, en naviguant, le navire se débarrasse en quelque sorte des privilèges qui le grevaient précédemment (2).

Le créancier perd, en effet, son privilège lorsque le navire accomplit un voyage postérieurement à la naissance de sa créance.

Les créanciers dont les droits sont nés au cours ou

(1-2) Lyon-Caen et Renault, tome VI, p. 675.

à la fin de l'expédition, le perdent par l'accomplissement d'une nouvelle expédition.

Ceux dont les droits sont nés avant le départ du navire le perdent, non par le voyage projeté, ce qui serait inadmissible, mais par l'accomplissement d'un nouveau voyage.

La question se pose alors, dans le silence du Code sur ce point (1), de savoir ce qu'il faut entendre par « voyage ».

D'après certains auteurs (2), la détermination du voyage serait une question subjective.

Le voyage serait censé accompli à l'égard des prêteurs, fournisseurs... au moment où le navire rentrerait dans le port que les expéditions mises sous leurs yeux indiquaient comme celui où le voyage serait terminé. C'est ce voyage qu'auraient eu en vue les créanciers dont le privilège est en jeu. Il est naturel, dit-on, de se guider sur l'intention des parties et de prendre les mots dans le sens qu'elles leur ont donné.

Cette conception, qui n'a inspiré qu'un arrêt (3), nous semble devoir être rejetée. La convention intervenue entre l'armateur et l'un ou l'autre des créanciers ne peut, en effet, régir les rapports de créanciers qui se prétendent privilégiés avec les autres créanciers de l'armateur.

---

(1) Le voyage prévu par les art. 193 al. 3-194 C. com. n'est relatif qu'au droit de suite [Cass., 4 janvier 1886, D., 1886, 1, 113. Aix, 29 décembre 1886. AUTRAN 3, 198].

(2) DUFOUR, *Droit maritime*, tome I, n° 123 ; DESJARDINS, tome I, p. 258.

(3) Cette, 11 avril 1905, D., 1906, 5, 5.

Cet ordre de rapports ne dépend que de la loi. Or, la loi, sans résoudre expressément cette question, en donne implicitement la solution, quand elle englobe dans un même voyage les privilèges de l'art. 191 al. 5 et de l'art. 191 al. 8. L'art. 191 al. 8 vise les dépenses faites avant le départ du port d'armement; l'art 191 al. 5, celles faites pour le compte d'un bâtiment qui, rentré au port, après un voyage, attend un nouvel armement. Le voyage est donc la période comprise entre l'armement et le désarmement du navire (1).

Cette conception du voyage dit réel, ayant pour limites la délivrance du rôle d'équipage et la revue de désarmement (2), conforme à l'esprit de la loi, présente l'avantage d'assurer au créancier le bénéfice de son privilège, jusqu'au moment où il est véritablement en situation de l'exercer (3).

Supposons qu'un navire parti de Bordeaux pour La Réunion ait relâché à Lisbonne. La valeur estima-

---

(1) L'intercourse ne comporte pas le désarmement et le réarmement du navire. Accomplie par un navire qui, en cours de voyage, interrompt sa navigation pour faire, avant de rentrer au port, un voyage supplémentaire, non mentionné par les expéditions, elle n'éteint pas les privilèges dont ce navire est grevé. DANJON, tome V, p. 615.

(2) Pour les navires qui comme les bateaux de pêche ne font pas une navigation proprement dite, le terme du dernier voyage est la délivrance du dernier congé. Aix, 26 décembre 1886, précité.

(3) Par application de cette idée, le voyage entrepris par un navire, après avoir dévié de sa route pour se faire réparer, par suite d'un cas de force majeure, ne sera pas considéré comme un nouveau voyage. Alger, 15 juillet 1899, cité par WAHL, p. 407, note 5.

tive des marchandises que le capitaine a vendues dans ce port est payable à La Réunion; l'emprunt qu'il y a contracté est également remboursable à La Réunion. Mais le chargeur, le prêteur ne pourront y exercer leur privilège qu'autant qu'ils seront en droit d'y faire saisir le navire. Or, la saisie n'est pas possible (1). Un navire ne peut être valablement saisi quand il est en cours de voyage. Lorsqu'il stationne, même dans le port de destination, il est en cours de voyage. Le créancier, qui s'est trouvé dans l'impossibilité de saisir le bâtiment, et d'exercer son privilège à La Réunion, ne sera pas forclos lorsqu'après le retour du navire à Bordeaux il se présentera pour faire valoir les prérogatives que la loi lui confère (2).

(1) Dufour, *op. cit.*, tome Ier, n° 123 ; Desjardins, *op. cit.*, tome Ier, p. 288.

(2) Levillain, note au D. 1889, 2, 249 [Bordeaux, 9 août 1887].

Le système de classement et d'extinction consacré par la Conférence de Bruxelles en 1926 nous semble de beaucoup préférable à celui du Code de Commerce. La conférence a concilié les exigences du droit civil et celles du crédit maritime.

Les créances privilégiées du dernier voyage ne sont que préférées à celles des voyages précédents : art. 6, V. Annexes, pp. 206 et 213.

Le privilège des fournisseurs et réparateurs s'éteint par l'expiration d'un délai de six mois à dater de la naissance de leurs créances : art. 9. Annexes, pp. 211 et 213. L'intérêt du crédit maritime s'opposait à ce que l'on tînt compte de l'échéance plus ou moins éloignée que les parties peuvent donner aux créances dont s'agit.

Ce délai de six mois est suffisant, dans l'état actuel des communications, pour que le créancier se prévale de son privilège. Il peut, d'ailleurs, être prorogé par les lois nationales des Etats contractants [sans qu'il puisse toutefois dépasser

Admise par la plupart des auteurs (1), la conception du voyage réel, fait l'objet, de la part de certaines décisions de jurisprudence, de la distinction suivante.

Certains arrêts restreignent son application aux navires caboteurs (2), aux vapeurs (3), aux vedettes (4) et décident que pour les longs-courriers (5) le voyage est le voyage « effectif », c'est-à-dire la navigation effectuée entre le départ du navire de son port d'attache et son retour au même port.

Mais pour beaucoup de décisions le voyage s'entend, sans aucune distinction entre les diverses catégories d'armement, de la période comprise entre l'armement et le désarmement du navire (6).

trois ans à dater de la naissance de la créance] dans le cas où le navire grevé n'a pu être saisi dans les eaux territoriales de l'Etat dans lequel le demandeur a son domicile ou son principal établissement : art. 9.

(1) DE VALROGER, *Droit maritime*, tome Iᵉʳ, p. 125 ; RIPERT, *op. cit.*, tome II, p. 106 ; DANJON, tome V, p. 610 ; WAHL, *op. cit.*, p. 406, n° 953.

(2) Req., 15 décembre 1897, précité, et Rouen, 26 novembre 1902 précité.

(3) Poitiers, 4 décembre 1922 [D., 1923, 2, 91], et Seine, 14 avril 1926 [Banque Nationale de Crédit c. Planque, syndic de la Société des Vapeurs Français et de la Société Navale du Nord], communiqué par Mᵉ Paul Vallé, avoué à la Cour de Paris.

(4) Nantes, 11 juin 1923 [Tables Dor., 1923, V° *Privilèges sur navires*, p. 524, n° 13].

(5) Seine, 18 décembre 1895 [AUTRAN, XII, 27, et D., 1899, 1, 177] ; Havre, 8 février 1902 et Havre, 13 février 1904, précités.

(6) Bordeaux, 9 août 1887, précité ; Havre, 28 mars 1912, précité ; Bordeaux, 7 avril 1913, précité.

Section III. — *Etendue du Privilège.*

Comme toutes les sûretés réelles, le privilège présente un caractère d'indivisibilité qui crée un lien entre toutes les parties des choses affectées et toutes les parties des choses garanties. Nous allons étudier l'étendue du privilège de l'art. 191 au double point de vue de la créance qu'il garantit et des biens qu'il affecte.

§ 1ᵉʳ. — **Etendue des créances garanties.**

Le privilège garantit, en premier lieu, le paiement du capital de la créance.

Ce capital s'établit très simplement pour les fournitures, réparations, prêts ordinaires. Pour la vente des marchandises des chargeurs, l'art. 234 al. 2 C. com. décide qu'il faut tenir compte du cours des marchandises de même nature et qualité, dans le lieu de la décharge du navire, à l'époque de son arrivée.

Le prêt à la grosse présente des particularités qu'il importe de signaler rapidement. Le privilège garantit, non seulement le remboursement normal du prêt à la grosse, à l'expiration de sa durée, en cas d'heureuse arrivée du navire, mais encore le remboursement anticipé du prêt ordinaire, en lequel le prêt à la grosse dégénère lorsqu'il est « ristourné » pour une cause spéciale à sa nature, telle que la réticence de l'emprunteur ou le défaut de mise en risques. L'art. 191 al. 7, en ne distinguant pas suivant le mode de prêt, prouve, en effet, que le prêt à la grosse est privilégié, moins à raison de l'assurance qu'il renferme, que comme avance de fonds pour les besoins du navire en cours du voyage (1).

Les intérêts sont privilégiés comme le capital de la créance (2), et sans restriction, car on ne peut étendre aux privilèges maritimes les dispositions exceptionnelles qui limitent, relativement aux intérêts, l'effet des privilèges immobiliers et des hypothèques immobilières et maritimes (3).

De la même manière que le montant du prêt, est privilégié le « profit maritime » que le prêteur à la grosse stipule pour la durée des risques, c'est-à-dire jusqu'au jour de l'arrivée du navire.

En ce qui concerne les intérêts du profit, certains auteurs (4), considérant que le profit maritime n'est que l'intérêt du capital, soutiennent qu'une convention relative à ces intérêts tombe sous le coup de la prohibition de l'anatocisme. Il est plus exact de voir dans le profit une indemnité compensatrice des risques courus par le prêteur, et d'admettre, en conséquence, la validité d'une telle stipulation (5).

La question ne paraît pas s'être présentée en jurisprudence.

---

(1) Danjon, tome V, p. 390. Contrà Ripert, *op. cit.*, tome II, pp. 140 et 149.
(2) Art. 214, al. 2, C. com.
(3) Art. 2151, C. civ. Art. 13 de la loi du 10 juillet 1885 sur l'hypothèque maritime.
(4) Lyon-Caen et Renault, *op. cit.*, tome VI, p. 578.
(5) Ripert *op. cit.*, tome II, p. 150.

Par contre, la Cour suprême (1) a eu l'occasion de juger que, l'accessoire suivant le sort du principal, le privilège acquis à ce dernier, s'étend aux intérêts de terre courus de plein droit jusqu'au remboursement, à dater du jour où le profit maritime cesse d'être dû, c'est-à-dire depuis l'expiration des risques.

§ 2. — Assiette du privilège.

La plupart des questions relatives à l'assiette auraient leur place dans un traité complet des Privilèges maritimes, car elles trouvent, en général, leur application à l'un quelconque des privilèges de l'art. 191.

Il est donc possible de les envisager à un point de vue aussi large que l'on veut de même qu'on peut en circonscrire l'étude dans les limites les plus étroites, comme nous nous proposons de le faire au cours du présent paragraphe.

— Le privilège de l'art. 191 ne s'applique qu'au navire, c'est-à-dire au bâtiment de mer (2).

— Suffit-il que la navigation soit maritime ou bien faut-il encore qu'elle soit commerciale ? La jurisprudence est assez divisée sur ce point. Quant à la Doctrine, il lui paraît plus sûr de soumettre les bâtiments de plaisance aux règles du droit commun (3).

---

(1) Cass., 20 février 1844, S. 1844, 1, 197.
(2) Sur le signe permettant de distinguer le navire du bateau : V. Cass., 28 février 1900 [S., 1900, 1, 209] et LYON-CAEN et RENAULT, tome V, p. 82 et s.
(3) LYON-CAEN et RENAULT, tome V, p. 84.

— Une troisième condition, celle de la spécialité de l'objet, doit être envisagée.

Le privilège ne doit-il affecter que le navire auquel se rapporte la fourniture ?

La Cour de cassation, résolvant cette question par la négative, a décidé que le privilège pour fournitures faites à un armateur peut porter sur l'ensemble de sa flotte, à défaut de précision quant aux fournitures faites respectivement à chacun des navires la composant (1).

Il semble qu'en statuant ainsi, la Cour suprême ait méconnu à la fois :

1° Le principe de la spécialité.

2° La lettre de l'art. 191 qui ne vise que les fournitures faites « au navire », et de l'art. 320 al. 3 C. com.

3° Le fondement même du privilège, puisqu'on ne peut parler de conservation que dans le cas où les fournitures ont été effectivement reçues par tel navire, et lui ont profité (2).

La Cour de Bordeaux (3) s'est, très justement, ralliée à une solution contraire à celle de la Cour de cassation.

Les fournitures faites en bloc à plusieurs navires doivent donc faire l'objet d'une ventilation précise de telle sorte que la créance garantie par le privilège soit

---

(1) Req., 8 avril 1913 ; D., 1913, 1, 301.
(2) Anvers, 22 décembre 1885 [Anvers, 1886, 1, 154].
(3) Bordeaux, 20 mai 1901 [AUTRAN, XVII, 31].

divisée en autant de créances distinctes, justifiées par les fournitures réellement faites à chaque navire (1).

Dans l'espèce soumise à la Cour de Bordeaux, les intéressés proposaient d'opérer cette ventilation d'après le tonnage de chacun des navires pour lesquels les fournitures avaient été effectuées. La Cour a, avec raison, rejeté cette prétention, motif pris de ce qu'une telle répartition pouvait n'être pas exacte, alors surtout que le produit de l'adjudication n'avait pas été pour les navires en question, proportionnel à leur tonnage.

Le privilège porte à la fois sur la coque du navire et sur ses accessoires, les agrès et apparaux (2).

Le navire et ses accessoires, à condition qu'ils ne soient pas vendus séparément, forment un tout indivisible et servent indifféremment de garantie aux frais faits pour les accessoires et à ceux faits pour le navire. En droit commun, au contraire, le privilège ne porte

______

(1) Par voie d'expertise ou autrement.

(2) Accessoires d'un bateau de pêche : V. Réponse du Rapporteur de la loi du 17 avril 1919 à M. Pacaud. Travaux préparatoires, art. 2, al. 5 [D., 1919, 4, 49 et s.]. Rentrent dans les accessoires, l'outillage du pêcheur, les engins fixes servant à l'exercice de sa profession tels que casiers à homards, orins, bouées, filets. Cherbourg, 16 juin 1922 [Havre, 1922, 2, 68 et s.] : le charbon contenu dans les soutes et les filets de pêche, indispensables à l'utilisation d'un chalutier à vapeur, sont grevés par l'hypothèque maritime. Contrà : Boulogne-sur-Mer, 29 novembre 1927 [*Gazette Palais*, 6 janvier 1928] : l'hypothèque maritime ne saurait, pour un chalutier harenguier, s'appliquer aux filets de pêche et approvisionnements, qui ne sont que des accessoires « d'exploitation ».

que sur l'objet au profit duquel les dépenses ont été faites.

L'emprunt à la grosse peut être affecté sur le navire et ses accessoires, sur le chargement (1), sur l'armement et les victuailles, soit sur la totalité de ces objets conjointement, soit sur une partie déterminée de chacun d'eux (2). Mais on use rarement, en pratique, de la faculté donnée par la loi d'affecter séparément ces divers objets.

Il convient d'ajouter, afin de mieux fixer l'assiette du privilège, que l'époque de la vente sur saisie est celle à laquelle on doit se placer pour apprécier l'état du navire (3).

Mais alors qu'advient-il du privilège lorsque, postérieurement à sa naissance, le navire est réduit à l'état de débris ?

Le privilège, affectant l'ensemble du navire et tous les objets qui en dépendent, doit porter sur les débris (4).

Le navire, réduit à l'état de débris, doit-il, à l'égard du prêteur à la grosse, être réputé perdu ?

Si on résout la question par l'affirmative, la condition prévue au contrat de grosse, étant considérée comme réalisée, la créance en remboursement dispa-

______

(1) L'armateur peut emprunter à la grosse sur le chargement, alors même qu'il ne lui appartient pas. Civ., 1ᵉʳ août 1870 [D., 1871, 1, 132].
(2) Art. 315, C. com.
(3) RIPERT, *op. cit.*, tome II, p. 90.
(4) DANJON, tome V, p. 553 et s.

raît, et avec elle, le privilège qui lui est attaché. Le Code de commerce s'est rallié à une solution mixte. L'emprunteur est délié, de plein droit, par le naufrage, de toute obligation personnelle de remboursement envers le prêteur. Mais, en revanche, ce dernier est autorisé à se payer de sa créance, en vertu d'une sorte d'action réelle, sur ce qui reste des choses affectées au prêt (1).

Il peut arriver que, le navire ayant été assuré, le prêt à la grosse et l'assurance qui, avant le sinistre, n'excédaient pas, ensemble, sa valeur, dépassent, après le sinistre, celle de ses débris.

Supposons que le sinistre soit tel qu'il ait autorisé l'assuré à faire le délaissement.

La question se pose, dans ces conditions, de régler sur les débris, les rangs respectifs du prêteur et de l'assureur. Le prêt ayant été contracté, tant dans l'intérêt du propriétaire que dans celui de l'assureur, ce dernier doit respecter le privilège du prêteur (2).

Des indemnités peuvent être dues à l'armateur, à la suite de sinistres survenus au navire depuis la naissance du privilège.

Il peut s'agir :

— Soit d'indemnités dites de réparation, telles que dommages-intérêts pour détériorations causées au

-----

(1) Art. 327, C. com.
(2) Art. 331 *in fine*, C. com. V. Ripert, *op. cit.*, tome II, p. 156 ; Danjon, *Manuel de Droit maritime*, p. 543 ; Alger, 9 mars 1904 [Autran, XX, 34].

bâtiment par un abordage fautif; contribution des chargeurs à l'avarie commune, en raison du sacrifice fait par l'armateur...

— Soit d'indemnités d'assurance (1).

A). Indemnités d'assurance :

La loi du 19 février 1889 (2) autorise, dans son art. 2, le transport des droits du créancier privilégié... sur l'indemnité due par suite d'assurances contre l'incendie... ou les autres risques. Les Travaux Préparatoires montrent qu'elle a une portée générale et qu'elle trouve son application en matière maritime (3).

Cette loi n'a fait qu'édicter une règle conforme aux errements de la pratique, en vertu de laquelle le débi-

(1) La question des indemnités que l'Etat a versées, en vertu de l'art. 2, al. 5 de la loi du 17 avril 1919, aux armateurs, dont les navires ont péri, ou ont été endommagés par faits de guerre, ne présente plus, aujourd'hui, qu'un intérêt rétrospectif.

(2) La loi du 10 décembre 1874 (Art. 17), sur l'hypothèque maritime, avait admis l'attribution de l'indemnité au profit du créancier hypothécaire. La question fut discutée, en doctrine, de savoir s'il fallait accorder le même bénéfice au créancier privilégié. La majorité des auteurs se prononça, avec raison, pour la négative. Mais l'abrogation de cette disposition par la loi du 10 juillet 1885, votée sur la réclamation des assureurs, devait mettre un terme à cette controverse. La loi de 1889 a décidé, à la satisfaction des Compagnies d'assurances, que les paiements, fait de bonne foi, par l'assureur avant opposition, sont valables (Art. 2, al. 2).

(3) Travaux préparatoires : rapport de M. Labiche. V. René LAVIGNE, *La loi du 19 février 1889 et le Droit maritime* [AUTRAN, VIII, 182 et s.] ; RIPERT, *op. cit.*, tome II, p. 92 : DANJON, tome V, p. 548 ; Paris, 24 juillet 1896 [AUTRAN, XII, 265] ; Paris, 7 avril 1907, précité ; Cass., 12 juillet 1910 [D., 1910, 1, 513] ; Contrà : Marseille, 5 mars 1908 [AUTRAN, XXIII, 669].

teur, par une clause expresse, déléguait à son créancier ses droits à indemnité.

La délégation, d'expresse et conventionnelle, est devenue tacite et légale.

Si la délégation se justifie assez mal dans les hypothèses, rares à la vérité, où la créance privilégiée est extracontractuelle, elle se justifie, au contraire, à merveille, dans le cas des fournitures et réparations où la créance naît d'un contrat.

Le créancier privilégié a, en tant que délégataire, un droit propre contre l'assureur, qui ne peut lui opposer les exceptions qu'il est en droit de soulever à l'encontre du débiteur (1).

Quelle est la valeur de cette réglementation ? (2)

Si on examine la question du point de vue des principes, on est forcé de reconnaître que l'indemnité d'assurance ne représente pas le navire; simple contrepartie des primes versées par l'armateur, elle doit revenir à ce dernier pour lui permettre de reconstituer son navire ou de le réparer. Le contrat d'assurance souscrit par le débiteur est, pour le créancier,

----

(1) Paris, 3 décembre 1926 a décidé, contrairement à Cass., 27 juin 1910, que le créancier hypothécaire peut se voir opposer la compensation de l'indemnité due à l'assuré et des primes dues par ce dernier : Banque de Crédit maritime et fluvial de Belgique c. Assureurs.

(2) Les conférences internationales se sont refusé à comprendre l'indemnité d'assurance dans l'assiette du privilège.

L'indemnité d'assurance qui résulte d'une convention passée entre l'assureur et l'assuré n'est pas un accessoire du navire. L. FRANCK [Procès-verbal de la 4ᵉ séance tenue le 20 octobre 1922 par la Conférence de Bruxelles, communiqué par M. Ripert].

res inter alios acta. L'armateur s'assure dans son propre intérêt. Il ne faut pas que cet acte de prudence qu'il accomplit volontairement profite à son créancier et ne lui profite pas personnellement de telle sorte qu'il soit découragé de l'assurance.

Le créancier a d'ailleurs la faculté de faire assurer sa créance, ou le navire jusqu'à concurrence du montant de sa créance (1), et de réclamer ainsi, en cas de sinistre, une indemnité à son propre assureur (2).

B). Indemnités de réparation.

Ces indemnités représentent la diminution de la valeur du gage, elles prennent, en fait, la place du navire dans la fortune de mer de l'armateur; l'équité voudrait qu'elles soient attribuées aux créanciers.

Malheureusement notre Droit ne connaît pas [réserve faite de lois spéciales dont l'interprétation doit être restrictive] la subrogation réelle de l'indemnité représentative d'un bien à ce bien (3).

L'art. 3, al. 1 de la loi du 19 février 1889 attribue aux créanciers privilégiés... les indemnités dues, en cas d'incendie, par les locataires à titre de risques locatifs,

---

(1) Malgré la subrogation de la loi de 1889, cette faculté présente un intérêt pour le créancier dans le cas où l'assurance contractée par son débiteur est expirée ou frappée de nullité. Lyon-Caen et Renault, tome VI, p. 296.

(2) Mais le créancier ne peut, en même temps, réclamer une indemnité à son propre assureur et se faire payer par son débiteur ou exercer son droit de préférence sur l'indemnité due à ce dernier. L'assureur du créancier est subrogé à tous ses droits contre le débiteur et contre l'assureur du débiteur. Lyon-Caen et Renault, tome VI, p. 617.

(3) Cass., 2 août 1880 [D., 1881, 1, 227].

et par les voisins à titre de risques de voisinage; mais on ne peut en généraliser l'application (1).

Comment ne pas souligner l'arbitraire du législateur qui, au moment où il élargissait l'exception au droit commun pour les indemnités d'assurance, la méconnaissait en la restreignant pour les indemnités de réparation! Les motifs invoqués pour les deux cas visés par l'art. 3 al. 1 de la loi de 1889 auraient dû, en raison de leur généralité, avoir la même force pour toutes les indemnités de réparation (2).

Des améliorations ont pu être incorporées au navire postérieurement à la naissance du privilège. Elles seront affectées à la garantie des créanciers.

Il n'en est pas de même du fret. En ne visant que le navire dans l'art. 191, siège de la matière, le législa-

---

(1) Disposition ajoutée après coup au texte primitif par voie d'amendement déposé au cours des débats. Séance du Sénat 2 février 1888.

La jurisprudence maritime manifeste une tendance assez nette à attribuer les indemnités de réparation aux créanciers abandonnataires : Rouen, 26 juin 1907 [AUTRAN, XXIII, 203]. Pour les créanciers privilégiés, V. Paris, 17 avril 1907, précité : Par la valeur du navire, il faut entendre toute indemnité représentant le navire...

(2) DANJON, tome V, p. 551.

Aux termes de l'art. 4, al. 1 et 2 de la convention de Bruxelles de 1926, les indemnités dues au propriétaire, à raison d'avaries communes, en tant qu'elles constituent des dommages subis par le navire et non réparés, rentrent dans l'assiette des privilèges. V. Annexes, p. 206 et 213.

L'attribution de ces indemnités est très équitablement restreinte à la valeur de réparation des dommages seulement encore existants. Il ne serait pas juste en effet que la réparation matérielle déjà faite du dommage fût accrue de sa représentation en espèces [LEFEBVRE : *Bulletin C. M. I., 19*].

teur a montré qu'il entendait, en règle générale, l'exclure de l'assiette du privilège (1).

L'art. 320 C. com. déroge à ce principe et l'affecte à la garantie du prêteur à la grosse.

Il importe de voir dans quelles conditions cette affectation a lieu.

Le prêteur a pour gage le revenu que le navire rapporte à celui dont il est créancier.

Lorsqu'il est créancier du propriétaire, la valeur grevée, à titre de fret, est le prix de location du bâtiment.

Lorsqu'il est créancier de l'affréteur principal, c'est le prix du transport de la cargaison du sous-affréteur.

Il s'agit donc, selon les circonstances, de l'une ou de l'autre espèces de fret. Les deux sortes de fret ne sont pas grevées à la fois du privilège; le prêteur n'est privilégié que sur le fret, non sur les frets (2).

Ce n'est pas là, toutefois, l'opinion de la Cour de cassation (3).

Statuant à l'occasion d'un emprunt à la grosse contracté par le capitaine, elle a décidé que devait

---

(1) Il existe, cependant, un cas où le privilège de l'art. 191 porte sur le fret. Ce cas correspond à l'hypothèse visée par l'art. 215 C. com. : celle d'un navire saisi, autorisé, à la faveur d'un cautionnement, à accomplir le voyage projeté. Le fret gagné par ce navire, après la saisie, tombe sous le coup des dispositions de l'art. 685 C. P. C. Accessoire du gage il participe de son caractère de bien affecté par privilège aux créances contractées pour le voyage [DUFOUR, tome Ier, p. 406].

(2) DANJON, tome V, p. 563 et note 1 ; JACOBS, *Droit maritime belge*, tome Ier, n° 281.

(3) Cass., 1er août 1870, précité.

être grevé, comme le fret dû par l'affréteur principal, le sous-fret payé par le sous-affréteur.

Le contrat à la grosse, introduit dans la législation commerciale pour favoriser la navigation, en vue des risques qui en sont inséparables, doit, dit-elle, conserver toutes les garanties sous lesquelles il a été stipulé. Dans l'espèce qui lui était soumise, le prêt n'avait été consenti qu'en considération du fret dû par le sous-affréteur et des garanties qu'il offrait.

Le prix du transport des passagers ne peut, dans l'état actuel des textes, être assimilé au fret (1). Mais le surcroît de valeur présenté par les navires à passagers, en raison de leur aménagement particulier, compense en partie cette exclusion.

Le prix du remorquage, la rémunération pour assistance et sauvetage sont, au contraire, en tant qu'accessoires — accidentels et aléatoires — du fret, affectés à la garantie du créancier (2).

Il n'en est pas de même des surestaries. Elles ne constituent pas, en effet, un complément du fret, qui serait dû à raison de la prolongation de l'usage du navire. Payées à titre de dommages-intérêts pour retard (3) elles doivent suivre la condition des indemnités de réparation (4) (v. *supra* 39).

(1) L'art. 4 de la Convention de Bruxelles de 1926 assimile le prix de passage au fret. Annexes, pp. 210 et 213.
(2) V. Art. 4, al. 3 de la Convention de Bruxelles de 1926. Annexes, pp. 210 et 213.
(3) RIPERT, *op. cit.*, tome II, p. 454 et s. Rapport de M. Francesco Perrone sur les questions soumises au Congrès de Droit maritime de Venise [Bulletin C. M. I., 19, 424].
(4) L'avant-projet de Convention internationale préparé en 1913 par la Sous-Commission de Bruxelles assimilait, dans son

Le fret à considérer est le fret « brut » acquis depuis la formation du contrat de grosse jusqu'à l'arrivée du navire au port de destination (1). On ne peut permettre à l'armateur de retenir sa mise dehors et de passer, par ce moyen, avant son créancier.

Il semble, pour que le privilège puisse être exercé sur le fret, que celui-ci doive être :

— effectif.

— encore dû.

Mais la jurisprudence fait bon marché de ces exigences.

— Statuant à l'occasion d'un navire partant sur lest, d'un affrètement en travers, c'est-à-dire avec convention que les marchandises de retour auront seules à

art. 4 les surestaries au fret et les comprenait à ce titre dans l'assiette des privilèges. Le projet de 1922 a très juridiquement abandonné cette assimilation. Mais il aurait dû leur faire partager le sort des indemnités de réparation. C'est là une lacune désavantageuse pour les créanciers.

Sur l'importance pratique des surestaries : V. Bordeaux, 5 décembre 1891 [AUTRAN, VIII, 311] ; Haute Cour de Justice, 3 mai 1893 [AUTRAN, X, 289] ; Chamber of Shipping, River Plate, Charter Party, 1914, clause 13, lignes 91 et s. : « Rate « of loading demurrage : Demurrage shall be paid by the « Charterers at the rate of 2 pence sterling per gross register « ton, per running day, for Steamers of up to 4.000 tons « dead weight cargo capacity, and 3 pence sterling per gross « register ton, per running day, for Steamers of over 4.000 « tons dead weight cargo capacity. »

Clause 25, lignes 141 et s. : « Time for discharging : The « time for discharging shall be in accordance with the custom « of the port for Steamers at port of discharge, except as « hereinafter provided. Demurrage, if incurred, to be paid by « Consignees at the rate stipulated in clause 13 : rate of « loading demurrage. »

(1) Cass., 1er août 1870, précité.

payer le fret, ...elle a décidé que le privilège peut porter sur une somme, arbitrée par les juges du fait, et représentant fictivement le fret (1).

— Sans doute, la jurisprudence exige que le fret n'ait pas été encaissé par l'armateur car il ne constituerait pas, dans ce cas, une créance individualisable (2).

Mais il lui importe peu que la créance du fret ait été éteinte par le paiement à une personne distincte de celle de l'armateur, soit qu'il s'agisse d'un tiers ayant reçu pour le compte de ce dernier, soit qu'il s'agisse du capitaine. Dans ces hypothèses, dit-elle, le fret est encore reconnaissable, cela suffit.

La solution de la jurisprudence se justifie du point de vue pratique car sans cette entorse aux principes, l'affectation du fret au privilège serait dans beaucoup de cas fort illusoire.

La même question se présente d'ailleurs en matière de faillite.

Si on livre des objets mobiliers ou des marchandises au failli lui-même et que ces objets soient entrés dans ses magasins, c'est fini : on ne peut plus exercer son privilège de vendeur. Mais si on livre à un « représentant » qui a un établissement autonome, et qui est

(1) Jurisprudence relative au privilège des gens de mer, mais il y aurait eu mêmes raisons de décider pour le privilège du prêteur à la grosse. Nantes, 29 juillet 1868 [Nantes, 1868, 1, 359] ; Civ., 10 juin 1879 [S. 1881, 1, 457].

(2) Paris, 5 novembre 1866, D., 1867, 2, 28 ; Req., 14 mai 1888, D., 1889, 1, 257.

comptable de ce qu'il a reçu, on peut, dans ce cas, exercer son privilège ou sa revendication (1).

L'extinction de la créance du fret par le paiement à son échéance n'étant pas, pour la jurisprudence, opposable au créancier privilégié, il devait en être *a fortiori* de même de son extinction par le paiement anticipé. L'affréteur qui a payé à l'armateur le fret de l'aller et du retour doit s'imputer de n'avoir pas exigé de celui-ci toutes les garanties voulues, à l'effet de rester indemne dans le cas où le porteur de la lettre de grosse exercerait son recours contre lui (2).

Sous prétexte d'équité à l'égard du créancier privilégié, la jurisprudence se rend, en réalité, coupable d'iniquité envers l'affréteur qui, après avoir payé le fret de bonne foi entre les mains de son créancier personnel l'armateur, est obligé de le payer une seconde fois entre les mains des créanciers de ce dernier. Le créancier réclame le fret en s'appuyant sur la convention intervenue entre l'armateur et l'affréteur. Pour quelle raison cette convention lui serait-elle inopposable ?

Il ne doit en être ainsi que dans le cas où le créancier peut prouver que le paiement anticipé a eu lieu dans le but frauduleux de diminuer ses sûretés (3).

(1) Procès-verbaux des séances tenues du 6 au 9 octobre 1923 par la Conférence internationale de Droit maritime. Sous-Commission de Bruxelles, 1923. Communiqués par M. Ripert. A propos de l'art. 10, V. Annexes, pp. 213 et 211.

(2) Cass., 1ᵉʳ août 1870, précité.

(3) DANJON, tome V, p. 567. Seine, 27 février 1889 [AUTRAN, IV, 662] : La délégation consentie à un tiers, par le proprié-

Conviendrait-il de généraliser l'affectation du fret aux créanciers privilégiés ?

Le fret n'est pas un accessoire du navire; il ne peut, dans la rigueur des principes, être atteint par les privilèges qui le grèvent. Fruit civil, il s'acquiert jour par jour et se sépare du navire en même temps qu'il est dû. Mais il en est autrement lorsqu'on envisage la question du point de vue législatif. L'équité et l'utilité doivent être les sources du Droit.

Rien n'est plus équitable que d'envisager l'expédition maritime comme une sorte d'entité de telle manière que l'ensemble des sommes gagnées par le navire au titre de produit de l'expédition augmente le gage des créanciers soumis aux hasards de l'aventure maritime (1). Rien ne serait plus pratique que de supprimer la distinction établie par notre Droit entre le navire et le fret puisque du même coup disparaîtraient les frais et les contestations qu'occasionne actuellement la procédure de répartition du fret (2).

---

taire d'un navire, de tout ou partie du fret, ne peut être opposée au privilège consenti au prêt à la grosse, lequel s'étend même au fret. Il en est ainsi notamment quand le créancier délégataire avait connaissance des avaries du navire et de l'insolvabilité du propriétaire, faisant prévoir la nécessité d'un emprunt à la grosse.

(1) LEFEBVRE, Bulletin C. M. I. 19.

(2) SMEESTERS, *Droit maritime et droit fluvial*, tome I, p. 43.

L'affectation du fret aux créanciers privilégiés est un principe que les Conférences internationales tenues depuis 1906 ont successivement consacré. La délégation anglaise avait proposé, afin de supprimer les difficultés occasionnées par les calculs et la preuve du montant du fret et de ses accessoires, de remplacer le fret par un forfait. La Conférence tenue à

Section IV. — *Justification des créances privilégiées : Art. 192 C. com.*

Les formalités, exceptionnelles (1), de l'art. 192, devaient, dans la pensée du législateur, souligner la qualité de la créance privilégiée, et « éviter des abus trop faciles à concevoir et à prévoir » (2).

Bruxelles en 1922 s'est ralliée à ce système. Le fret dû en cas de limitation de la responsabilité du propriétaire s'entend d'une somme fixée à forfait et à tout événement à 10 % de la valeur du navire au commencement du voyage. Ce forfait comprend non seulement le fret mais les accessoires. L'art. 4 de la Convention de 1926 l'assimile, éventuellement, au fret. Sur ces questions : V. art. 3, avant-projet Commission de Paris, 1906, annexes, p. 200 ; art. 4, projet de convention sur la responsabilité des propriétaires de navires, 1922, annexes, p. 211; art. 4, convention de Bruxelles, 1926, annexes, pp. 210 et 213 ; Procès-verbaux des séances tenues du 17 au 26 octobre 1922 par la Conférence internationale du Bruxelles [Leslie Scott, Ripert, Strückmann] ; La Conférence diplomatique de Bruxelles (17-26 octobre 1922), Ripert [Dor., 2, 57 et s.].

(1) Ces formalités constituent une triple dérogation à l'art. 109 C. com., à la règle suivie pour les privilèges mobiliers spéciaux du Droit terrestre, et à la tradition de notre Ancien Droit. V. art. 19, livre II, titre I, Ordonnance 1681 : « Pourra aussi le capitaine, pendant le cours de son voyage, prendre deniers sur le corps et quille du vaisseau pour radoub, victuailles et autres nécessités du bâtiment, le tout par l'avis des contremaîtres et pilotes qui attesteront sur le journal la nécessité de l'emprunt ». Cette formalité n'était nécessaire que pour la sûreté du capitaine. Elle ne regardait nullement le prêteur. V. Valin et Marseille, 9 août 1748, cités par DE VAL-ROGER, tome I, p. 118.

(2) V. Le Havre, 8 février 1902, précité et Rouen, 21 juin 1909, précité.

En étant imposées aux créanciers à peine de déchéance, et en évitant des contestations, jusqu'au dernier moment, sur l'existence, le montant et la date des créances, qui auraient pu en retarder le règlement, les formalités de l'art. 192 constituaient, d'autre part, comme une sorte de contrepoids à la multiplicité des privilèges de l'art. 191.

Vues à la lumière des faits, elles sont apparues comme l'expression d'idées surtout théoriques, empreintes d'un formalisme suranné et impuissant à réaliser les garanties qu'elles avaient pour but d'assurer, de nature en tous cas à entraver la simplicité et la rapidité indispensables au commerce moderne (1).

Quoi qu'il en soit, et en dépit de la force des objections élevées à leur encontre, ces formalités n'en demeurent pas moins strictes et obligatoires. Il importe donc de voir en quoi elles consistent.

La corrélation établie par le législateur entre l'art. 191 et l'art. 192 justifie la distinction suivante :

A) Aux termes de l'article 192 al. 3, les frais d'entretien du bâtiment et de ses agrès et apparaux depuis son dernier voyage et son entrée dans le port (art. 191 al. 5), sont constatés par des états arrêtés par le Président du Tribunal de commerce.

Et alors, de deux choses l'une : ou le Président met son visa et son approbation au bas du compte de fournitures ou de réparations, et en ce cas, pas de difficultés; ou bien, usant de son pouvoir d'appréciation, il en réduit le chiffre qui lui paraît exagéré, mais les créanciers, libres de ne pas accepter sa décision, appelleront leur débiteur devant le tribunal lui-même,

---

(1) Aux termes de l'art. 11 de la Convention de 1926 (rappel d'un principe posé par la Conférence de Bruxelles dès 1909), les privilèges ne sont soumis à aucune formalité ni à aucune condition spéciale de preuve. V. Annexes, pp. 203 et 214.

à l'effet de faire fixer leurs créances judiciairement (1).

B) Art. 192 al. 5 : « Les sommes prêtées (2), et la valeur des marchandises vendues pour les besoins du navire pendant le dernier voyage (art. 191 al. 7), seront justifiées par des états arrêtés par le capitaine, appuyés de procès-verbaux signés par le capitaine et les principaux de l'équipage, constatant la nécessité des emprunts.

— Le législateur subordonne la créance du prêteur et celle du chargeur à la preuve de la nécessité de l'emprunt. Soumettre la créance des chargeurs à des formalités, dont l'accomplissement, bien que requis à peine de déchéance du privilège, est laissé à la volonté du capitaine, peut paraître profondément injuste.

Mais les chargeurs ont la faculté de se prévaloir de la négligence ou de la faute du capitaine et de l'équipage, et d'invoquer à ce titre le privilège de l'art. 191 al. 11.

Il faut, d'autre part, tenir compte de cette considération qu'en droit, le fait du capitaine, mandataire des chargeurs, est opposable à ces derniers.

---

(1) DUFOUR, tome 1ᵉʳ, p. 413, n° 282.
(2) Les créances privilégiées sur le fret comme celle du prêteur à la grosse pourront être établies conformément aux modes de preuve du droit commun. Les formalités de l'art. 192 ne sont exigées que pour la conservation du droit de préfé-rence sur le navire. DANJON, tome V, p. 571 ; LYON-CAEN et RENAULT, tome VI, p. 699 ; WAHL, p. 420.

La jurisprudence assimile la constatation des besoins du navire en radoub, achat de victuailles... à la preuve de la nécessité d'un emprunt pour y satisfaire (1).

Elle admet même que la représentation du procès-verbal n'est pas rigoureusement nécessaire et qu'elle peut être remplacée par sa relation dans un jugement autorisant l'emprunt (2).

En revanche, elle astreint les fournisseurs à la même justification que le prêteur (3).

Se fondant sur le fait que la trace des travaux se retrouve plus facilement que celle de fournitures qui peuvent se consommer, M. de Valroger a soutenu que les ouvriers qui, en cours de voyage, travaillent aux réparations, n'ont aucune preuve spéciale à fournir.

La jurisprudence ne l'a pas suivi. Dans les espèces qui lui étaient soumises, les créanciers arguaient des conditions toutes spéciales dans lesquelles s'effectuent fournitures et réparations pour le compte des navires caboteurs.

Ces navires rentrent fréquemment, en cours de voyage, à leur port d'attache, pour s'approvisionner de fournitures et faire effectuer leurs réparations. Or, disaient-ils, au port d'armement, les formalités prescrites par la loi n'ont aucune raison d'être; le capitaine ne peut, en effet, aux termes de l'art. 232 C. com., dans le lieu de la demeure du propriétaire ou de son

(1) Rouen, 29 décembre 1831 [Rouen, 1832, p. 64].
(2) Rouen, 4 janvier 1844 [S. 1844, 2, 454].
(3) Cette, 8 juillet 1923, précité.

fondé de pouvoir, faire travailler au radoub, acheter des voiles, cordages et autres choses pour le bâtiment, sans leur autorisation spéciale.

N'est-il pas rigoureux, ajoutaient-ils, d'être obligés de faire viser des factures par le capitaine, et de se faire délivrer une attestation conforme par procès-verbal, pour des fournitures ou réparations, non seulement de peu de valeur, mais encore nombreuses et répétées ?

La jurisprudence n'a pas voulu tenir compte de ces difficultés d'application.

Elle a, très justement, décidé, malgré le silence observé à leur égard par l'art. 192, que les formalités légales sont applicables aux fournitures et aux travaux effectués en cours de voyage, pour le compte de tous les navires, au long cours ou caboteurs, dans quelque port que ces prestations aient été faites, même dans le port d'armement (1).

Elle ne pouvait, en effet, s'autoriser du silence de la loi, sur ce point, pour s'engager dans une voie plus libérale, alors qu'au mépris de l'adage : « Pas de privilège sans texte », elle avait assimilé les fournisseurs et les réparateurs aux créanciers visés par l'art. 191 al. 7, dont les dispositions sont corrélatives à celles de l'art. 192 al. 5.

— Aux termes de l'art. 312 C. com., tout prêteur à la grosse, en France, français ou étranger, est tenu de

(1) Le Havre, 8 février 1902, précité ; Rouen, 26 novembre 1902, précité.

faire enregistrer son contrat au greffe du tribunal de commerce, dans les 10 jours de la date, à peine de perdre son privilège.

Le législateur a imposé cette formalité au prêteur dans un but de publicité (1); il aurait dû préciser le greffe auprès duquel il devait l'accomplir.

Seuls, le greffe du lieu où le navire est amarré (2), ou celui du domicile de l'emprunteur, peuvent être connus des prêteurs subséquents. C'est à tort que la Cour de cassation a jugé que l'enregistrement pouvait se faire au greffe d'un tribunal quelconque (3).

L'enregistrement n'est d'ailleurs exigé que pour les prêts faits en France.

Lorsque l'emprunt est contracté à l'étranger (4), l'art. 312 al. 2 place le créancier sous l'empire de l'art. 234 qui exige, pour la validité de l'emprunt, une autorisation du consul (5) français, ou à défaut du magistrat des lieux.

---

(1) Dufour, tome I, p. 451.
(2) Valin préconisait, sous l'Ordonnance de 1681, l'enregis·trement des contrats de grosse au greffe de l'Amirauté du lieu d'armement du vaisseau.
(3) Cass., 20 février 1844, précité.
(4) Le tribunal de Marseille a, par une fiction peu juridique, assimilé un prêt passé en France devant un consul étranger, à un prêt contracté à l'étranger [Marseille, 30 avril 1858 ; D., 1860, 1, 223, cassé par Cass., 26 mars 1860 ; D., 1860, 1, 228].
(5) Rouen, 4 janvier 1844, précité, a jugé que les vice-consuls sont sans pouvoir pour autoriser, en pays étranger, les capitaines à emprunter à la grosse. Une pareille autorisation est un acte de juridiction que les consuls peuvent seuls donner.

La jurisprudence n'a pas prononcé la nullité de l'engagement pour absence d'autorisation (1).

Dans ces conditions, et eu égard au silence de l'art. 312 al. 2 sur la sanction des formalités qu'il prescrit, la question se pose de savoir si l'absence d'autorisation emporte la déchéance du privilège.

La négative semble résulter de ce fait que l'art. 192 al. 5, siège de la matière, n'a pas mentionné cette cause de déchéance. Mais la Cour d'Aix s'est ralliée à une solution contraire (2).

Par contre, le procès-verbal seul indiqué par l'art. 192 al. 5 ne serait pas indispensable à l'exercice du privilège du prêteur à la grosse (3).

Peu juridique, la solution de la jurisprudence se justifie cependant par de puissantes considérations pratiques (4). Il peut arriver, en effet, que le prêteur

---

(1) Aix, 2 mars 1865, D., 1867, 1, 161 : L'autorisation du consul, indispensable pour mettre la responsabilité du capitaine à l'abri de toute discussion de la part de ses mandants, n'est pas une condition essentielle et constitutive de la validité du prêt entre les parties contractantes ou celles qu'elles représentent.

(2) Aix, 2 mars 1865, précité : « Attendu que l'autorisation du consul, indispensable pour établir un privilège entre des prêteurs successifs... »

(3) Cette, 8 juillet 1923, précité : Le fournisseur assimilé au prêteur de l'art. 191, al. 7, qui ne rapporte pas les procès-verbaux de l'art. 192, al. 5, ne peut, pour invoquer le privilège, se prévaloir, par analogie de la jurisprudence admettant le prêteur à la grosse à se prévaloir du privilège en l'absence de toute formalité, s'il était de bonne foi et ignorait leur nécessité.

(4) RIPERT, *op. cit.*, p. 146 ; DE BÉVOTTE, *De la règle locus regit actum et du conflit des lois relatif à la forme des actes en Droit maritime*. Thèse, Aix, 1895, p. 59.

qui a obtenu l'autorisation de l'art. 234, ne se préoccupe pas de vérifier le point de savoir si elle a été précédée du « vain formalisme d'un procès-verbal de quelques hommes de l'équipage (1) ».

Mais la jurisprudence restreint l'application de cette solution au seul prêteur à la grosse.

Pour les autres créanciers, elle a maintes fois décidé qu'un jugement de condamnation (2), ou que les constatations du journal de la machine à vapeur (3), par exemple, ne peuvent suppléer la formalité, sans doute quelque peu surannée, mais toujours substantielle, stricte et obligatoire du procès-verbal de l'équipage.

Le créancier devra faire diligence pendant le voyage pour remplir la formalité exigée par la loi. Il ne pourrait se prévaloir de la brusque arrivée du terme du voyage, par l'effet d'une circonstance même indépendante de sa volonté [Rouen, 26 novembre précité].

— Il ne suffit pas que les besoins du navire aient été constatés par le procès-verbal.

Il faut encore que le créancier justifie que l'emprunt a été contracté en vue de ces besoins.

---

(1) De Courcy, *Questions de droit maritime*, p. 50. On ne sait d'ailleurs pas au juste quels sont ces principaux. Ripert.

(2) Le Havre, 8 février 1902, précité.

(3) Rouen, 26 janvier 1892 [Havre, 1892, 2, 48] : Attendu que dans une matière où tout est de droit étroit, on ne saurait admettre d'équivalents ; qu'au surplus, le livre de bord du mécanicien ne saurait offrir les mêmes garanties que la délibération des principaux de l'équipage qu'il est toujours facile de réunir s'il y a lieu, et qui seuls ont été appelés avec raison par la loi à constater la nécessité des emprunts.

Cette condition n'étant imposée que par l'art. 191 al. 7 — et non par l'art. 192 al. 5 — tous les modes de preuve de la loi commerciale seront admis.

Il suffira que le prêteur prouve que, d'une manière générale, à la suite du prêt, la condition du navire s'est améliorée (1).

Le capitaine peut commettre l'infidélité de ne pas en consacrer le montant aux besoins du navire. La mention de la cause du prêt dans l'acte évitera au créancier de se trouver, au point de vue « preuve » (2) dans une situation difficile.

— La preuve de la quotité de la créance se fera, pour les fournisseurs, réparateurs et chargeurs, par des états arrêtés par le capitaine.

Ces états contiendront, pour le chargeur, le détail des marchandises vendues et le cours des marchandises de même nature et qualité dans le lieu de la décharge du navire, au moment de son arrivée.

Pour le prêteur, seul l'acte même d'emprunt est à considérer (3). La quotité de sa créance ne saurait dépendre, en effet, d'une constatation que le capitaine pourrait faire ou non, ou détruire après l'avoir faite (4).

---

(1) DUFOUR, *op. cit.*, n° 296.
(2) Le « privilège » ne dépend pas du sort des deniers. Il suffit que le prêteur ait été de bonne foi, qu'il ait pu raisonnablement croire que l'emprunt était nécessaire et que la somme demandée n'était pas exagérée.
(3) Nantes, 5 juillet 1872 [Nantes, 1872, 1, 262].
(4) DUFOUR, tome Ier, p. 429.

— Quant au montant des sommes restant dues dans les limites de celles qui ont été stipulées, la preuve peut en être faite suivant le droit commun (1).

C). Art. 192 al. 6 : « Les fournitures pour l'armement, équipement et victuailles du navire (art. 191 al. 8), seront constatées par les mémoires, factures ou états visés par le capitaine et arrêtés par l'armateur, dont un double sera déposé au greffe du tribunal de commerce, avant le départ du navire ou, au plus tard, dans les 10 jours après son départ. »

La trace des travaux et des fournitures pour radoub subsiste malgré le voyage entrepris par le navire. Les créanciers, à raison de ces prestations, ne sont assujettis à aucune formalité (2). Ils justifieront de l'existence de leurs créances par tous les moyens de preuve admis en matière commerciale.

L'art. 192 ne vise que les fournitures effectuées avant le départ d'un navire qui a déjà navigué. Mais la jurisprudence admet qu'ayant statué, en définitive, *de eo quod plerumque fit*, son extension s'impose à l'hypothèse, assez rare, à la vérité, d'un navire saisi et vendu avant d'avoir navigué (3).

Des trois formalités imposées par l'art. 192 al. 6, les deux premières, visa du capitaine, arrêté de compte de l'armateur, concernent la constatation des créances; la troisième, le dépôt au greffe des mémoires

____

(1) WAHL, p. 420.
(2) Le Havre, 8 février 1902, précité. Marseille, 21 novembre 1917. Recueil des Sommaires, 1917-18-19, n° 3.904.
(3) Le Havre, 8 février 1902, précité.

ainsi visés et arrêtés, est ·destinée à donner à ces créances date certaine avant le voyage et à assurer leur publicité.

— Le visa du capitaine (1) atteste que les fournitures ont été reçues par le navire.

Le capitaine, maître du bord, a seul qualité pour délivrer cette attestation, de même qu'en matière d'affrètement, seul le connaissement signé de lui fait preuve de la prise en charge.

Un visa par le chef d'armement, employé à terre, dans les bureaux de l'armateur, serait inopérant (2).

La force majeure dispensant de l'exécution de l'obligation, le défaut de visa par suite du refus du capitaine, ne saurait être opposé au créancier.

Il suffira au créancier d'assigner le capitaine pour le voir contraindre à viser sa facture. Ayant ainsi satisfait, autant qu'il était en lui, à l'art. 192, il ne sera pas déchu de son privilège (3).

Il en sera, *a fortiori*, de même, dans le cas d'un navire privé de capitaine (4).

Les créanciers n'ont pas à faire de diligences pour provoquer sa nomination.

L'art. 192 n'a pas indiqué l'époque à laquelle les mémoires doivent être visés. On peut conclure du silence de la loi sur ce point qu'ils peuvent l'être utile-

(1) Bordeaux, 20 mai 1901, précité.
(2) Req., 8 avril 1913, précité.
(3) Rennes, 23 juillet 1873 [D., 1875, 5, 303].
(4) Req., 8 avril 1913 précité.

ment jusqu'à la saisie et même jusqu'à la vente du navire.

Les créanciers n'ont pas à justifier s'être présentés à fin de visa après la cessation des fonctions du capitaine. Il leur suffit de prouver que, postérieurement à cette époque, et au cours du délai fixé implicitement par la loi, l'accomplissement de la formalité légale est devenu impossible par suite d'une circonstance qui ne leur est pas imputable (1).

— Par l'arrêté de compte, l'armateur donne son approbation (2).

Le droit d'affecter le navire par privilège aux frais de l'armement lui donne celui de consacrer ces dépenses par son acquiescement.

Le législateur n'a pas craint d'appeler son contrôle, car son véritable intérêt est plus de les vérifier avec sincérité que de se prêter à des complaisances frauduleuses (3).

Peu importe que l'armateur soit ou non propriétaire.

Mais l'armateur, au sens de l'art. 192, est celui qui arme véritablement le navire. Un affréteur qui loue-

(1) Havre, 8 février 1902, précité.
(2) Un armateur en liquidation judiciaire, autorisé à continuer son commerce, peut valablement, sans l'assistance de son liquidateur, arrêter les mémoires de ses créanciers. L'autorisation de continuer le commerce substitue à l'assistance réelle une simple surveillance de l'exploitation par le liquidateur, ne nécessitant pas l'intervention constante et pratiquement irréalisable du liquidateur dans les opérations. V. note sous Req., 8 avril 1913, précité.
(3) DUFOUR, tome Iᵉʳ, p. 437.

rait au propriétaire un bâtiment tout armé et équipé ne serait pas un armateur; le propriétaire ayant ordonné la dépense aurait seul qualité pour l'approuver valablement (1).

Etant donné le rôle de l'arrêté de compte, une traite tirée par le créancier sur l'armateur, mais refusée par ce dernier, ne saurait lui être assimilée (2).

Seul un cas de force majeure dispense le créancier de l'accomplissement de cette formalité. La jurisprudence admet qu'un jugement en tient lieu lorsque l'armateur se refuse à arrêter les factures de ses fournisseurs.

— Une fois visé et arrêté, le double (3) du mémoire doit être déposé au greffe du tribunal de commerce du port d'armement (4).

C'est au greffe de ce port que les tiers intéressés recourront pour connaître les affectations antérieurement faites sur le navire, et mesurer, par ce moyen, le rapport de sa valeur avec celle des dettes dont il est grevé (5).

Le dépôt ne peut être remplacé par un jugement

---

(1) DUFOUR, tome I⁰ʳ, p. 437.

(2) Rouen, 21 juin 1909, précité.

(3) Le fournisseur qui n'a déposé au greffe qu'une copie, en gardant par devers lui l'original visé par le capitaine et arrêté par l'armateur, n'est pas privilégié, la copie ne pouvant avoir vis-à-vis des tiers toute l'autorité et l'authenticité qu'exige l'art. 192. Nantes, 1⁰ʳ juin 1872 [Marseille, 1874, 2, 3].

(4) Rouen 21 juin 1909, précité.

(5) Caen, 28 février 1844, S. 1844, 2, 295.

condamnant le capitaine à payer le montant des fournitures (1).

Le plumitif où sont consignés les jugements du tribunal de commerce n'est pas, en effet, à la disposition du public, et la minute ne contient presque jamais le détail des comptes.

Le créancier qui, par suite du refus du capitaine et de l'armateur de viser et arrêter ses factures, aura été contraint d'engager une procédure à leur encontre, devra, pour les mêmes raisons, déposer au greffe l'assignation introductive d'instance.

Le délai, dans lequel la formalité légale doit être accomplie, est de 10 jours après le départ du navire.

Cette latitude a été jugée nécessaire pour donner aux créanciers le temps de discuter avec l'armateur, lorsque les fournitures ont été livrées au dernier moment.

C'est un délai maximum, mais il importe peu que, dans l'intervalle, l'armateur soit tombé en faillite (2).

Le même délai est imposé au créancier pour introduire contre le capitaine et l'armateur, une instance à fin de visa et d'arrêté de compte, et pour opérer au greffe le dépôt de sa citation.

Quelques auteurs (3) ont admis que le créancier qui a effectué des fournitures pour le compte d'un navire saisi et vendu avant d'avoir navigué, peut accomplir

______

(1) Bordeaux, 20 mai 1901, précité.
(2) Nantes, 27 janvier 1872 [Nantes, 1872, 1, 37].
(3) DESJARDINS, *op. cit.*, tome Iᵉʳ, p. 338 ; CRESP et LAURIN, *Cours de Droit maritime*, tome Iᵉʳ, p. 127.

la formalité légale jusqu'au jour du jugement de collocation définitive.

Certaines décisions ont restreint ce délai au jour de la production (1).

Pour la jurisprudence la plus récente, la limite paraît être celle de l'adjudication du bâtiment (2).

Telles sont les règles de preuve que l'art. 192 impose aux créanciers.

Ceux qui n'y auront pas satisfait conserveront sans doute leurs créances, mais ils ne viendront qu'à titre chirographaire... à moins qu'ils ne se prévalent du privilège que le droit civil attache à des créances semblables aux leurs. Le pourront-ils ? Cette question fera l'objet du chapitre II.

(1) Marseille, 27 mars 1866 [Marseille, 1867, 2, 32] et 10 février 1882 [Marseille 1882, 2, 35].
(2) Rouen, 26 novembre 1902 [AUTRAN, XVIII, 498]. Req., 8 avril 1913, précité.

CHAPITRE II

Le privilège de l'art. 2102 al. 3, C. civ.

Le droit maritime exclut-il l'application du droit commun, l'art. 191, celle de l'art. 2102 al. 3 ?

Certains auteurs se sont prononcés en ce sens (1).

La pratique révèle, pourtant, l'application fréquente et incontestée du droit civil en matière de sociétés, de vente, de gage.

Plus spécialement en ce qui concerne le droit maritime, elle n'a pas refusé :

— aux créanciers de l'art. 2101 C. civ. la possibilité d'exercer leur privilège général sur le navire, qui constitue, peut-être, l'élément essentiel de l'actif de leur débiteur (2) ;

— au sauveteur du navire, la faculté de se prévaloir de l'art. 2102 al. 3 (3).

---

(1) DE VALROGER, tome Ier, n° 54, p. 143 et n° 61, p, 147 ; DANJON, tome V, n° 1802, p. 516-517.
(2) AUBRUN, note au D., 1926, 1, 49 [Civ., 3 novembre 1925].
(3) Montpellier, 12 décembre 1923. Dor Supp., 2, 103.

Pour nous, le droit civil, droit commun, doit s'appliquer, partout où le droit maritime, droit d'exception, n'a pas dérogé, soit formellement, soit tacitement. L'art. 191 a réglé uniquement l'ordre des privilèges attachés aux créances maritimes en concurrence les unes avec les autres. On ne saurait sérieusement soutenir qu'il a entendu faire abstraction des autres créances privilégiées (1). Aux termes de l'art. 190, le navire est un meuble; le privilège mobilier de l'art. 2102 doit trouver son application en matière maritime.

Mais, dira-t-on, en permettant au créancier qui a perdu son privilège de droit maritime, soit que les prescriptions relatives à sa conservation n'aient pas été obéies, soit qu'une cause d'extinction se soit produite, d'invoquer, subsidiairement, le droit civil, et de rétablir ainsi sa situation privilégiée, on se sert du droit commun pour éluder la loi spéciale.

Cette objection n'est pas décisive.

La loi commerciale, qui a créé un droit de plus en faveur d'un créancier déjà privilégié, ne peut pas avoir pour effet de placer ce créancier dans une situation plus désavantageuse que si elle n'avait jamais existé (2). Il a perdu son privilège maritime, soit, il ne peut pas se trouver dans une plus mauvaise situation que si l'art. 191 l'avait passé sous silence (3).

Que si on allègue que l'application de la loi civile, en créant une multiplicité de créances privilégiées,

(1) SOLUS, note au S. 1925, 1, 353 [Civ., 3 novembre 1925].
(2) AUBRUN, note précitée.
(3) DESJARDINS, tome Ier, p. 265, n° 141 et p. 294, n° 159.

nuit au crédit maritime, et heurte la tendance générale à la réduction du nombre des privilèges, nous
répondrons que ce n'est là qu'une objection d'ordre
législatif.

Non que nous méconnaissions la valeur intrinsèque
de cette objection.

Mais aussi longtemps que la loi maritime restera
ce qu'elle est, sévère, formaliste (1), l'équité comman-
dera l'admission sur le navire des privilèges du droit
civil (2). Il y aurait injustice à réduire le fournisseur
ou le réparateur à n'exercer qu'une créance chirographaire, et à le livrer, comme tel, au concours de la
masse des créanciers, alors que grâce à lui et au détri-
ment de son propre patrimoine, la masse va trouver
un élément d'actif dont il a conservé la valeur (3).

Ferme sur le terrain du Droit, conforme à l'Equité,
cette solution devait rallier les suffrages de la majorité de la Doctrine (4).

L'arrêt rendu par la Chambre civile le 3 novembre
1925 (5), sur pourvoi formé à un arrêt de la Cour

(1) Le créancier a sans doute le droit d'établir qu'il a été,
par suite d'un cas de force majeure, dans l'impossibilité de
remplir les formalités légales. Mais cette faculté ne présente
pas, en raison de la difficulté de prouver la force majeure,
une extrême importance pratique.

(2) RIPERT, note sous Civ. 3 novembre 1925 [Dor., 13, p. 270
et s.].

(3) SOLUS, note précitée.

(4) VALIN, EMERIGON-DESJARDINS, tome Ier, p. 294. LEVIL-
LAIN, note au D. 1886, 1, 116; LYON-CAEN et RENAULT, tome VI,
p. 692 ; RIPERT, tome II, p. 87 ; WAHL, p. 412, n°ˢ 974-975.

(5) Civ., 3 novembre 1925 [D., 1926, 1, 49 ; S., 1925, 1, 353].

d'Alger, en date du 16 octobre 1922, paraît devoir mettre fin (1) à la division que l'on constatait, jusqu'ici, dans la jurisprudence.

Statuant à l'occasion d'une créance de réparations — au sujet de laquelle les formalités de l'art. 192 n'avaient pas été accomplies, — la Cour suprême a posé une règle intéressante, par la généralité de sa portée, en décidant que l'existence des privilèges de droit maritime ne met pas obstacle à ce qu'un créancier puisse, subsidiairement, se prévaloir de ceux qui sont consacrés par le droit commun, et notamment du privilège attribué par l'art. 2102 al. 3 C. civ. à ceux qui ont sauvegardé le gage commun, en conservant la chose, c'est-à-dire en faisant des frais sans lesquels elle eût péri en tout ou en partie, ou aurait cessé de remplir sa destination.

Le seul reproche qu'on puisse lui faire est de ne pas s'être préoccupée suffisamment de justifier sa solution.

La question avait déjà été portée devant la Cour de cassation.

Dans une première espèce, relative à des fournitures de charbon, la Chambre des requêtes (2) avait, semble-t-il, moins cherché à trancher la difficulté qu'à

____

(1) Paris, 13 janvier 1926, *Gazette du Palais*, 6 mars 1926 ; Aix, 9 février 1927, *Droit maritime français*, 1ᵉʳ mars 1927, p. 113 ; Paris, 16 février 1927. Chambre de Commerce de Boulogne c. Hamot (syndic de la la Société des Affréteurs réunis). Communiqué par Mᵉ Paul Vallé, avoué à la Cour de Paris.

(2) Req., 8 avril 1913, précité.

l'« esquiver » (1). Se fondant sur ce que les juges du fond avaient, en fait, souverainement jugé que lesdites fournitures avaient eu pour but, non la conservation, mais l'exploitation du navire, elle avait, pour ce seul motif, écarté l'application de l'art. 2102 al. 3.

Mais deux ans ne devaient pas s'écouler que, saisie par des réparateurs, n'ayant pas satisfait aux formalités du Code de commerce, d'une demande en collocation privilégiée, elle formulait, en termes exprès, cette fois, le principe de l'exclusion des privilèges du droit civil (2).

Plus éclairées, certaines d'entre les juridictions inférieures (3), décidaient, au contraire, qu'en droit, les dispositions générales du Code civil sur ce point sont applicables aux matières maritimes.

Il est vrai qu'elles reconnaissaient, en même temps que, s'agissant de fournitures ou de travaux de main-d'œuvre qui n'avaient servi qu'à l'exploitation du navire, elles ne se trouvaient pas, en fait, dans le cas prévu par la loi.

Elles auraient dû, conformément à la notion, couramment admise, de conservation, accorder aux créanciers le bénéfice du privilège de l'art. 2102 al. 3, par cela seul que leurs fournitures ou leurs réparations avaient permis au navire de produire toute son utilité,

(1) AUBRUN, note précitée.
(2) Bordeaux, 7 avril 1913 et Req., 26 octobre 1914 [D., 1916, 1, 82].
(3) Rouen, 26 janvier 1892 précité ; Rouen, 26 novembre 1902, précité ; Rouen, 21 juin 1909, précité ; Alger, 29 juillet 1910 et 30 octobre 1911 [Dor., 13, 268].

de remplir sa fonction (1), soit qu'elles aient eu pour résultat la continuation du voyage, soit qu'elles aient contribué, par exemple, à mettre le bâtiment en état de se livrer à la pêche à laquelle il était destiné...

Il convient de noter, afin de préciser la créance garantie par le privilège de l'art. 2102 al. 3, que par « frais faits pour la conservation — ou l'exploitation du navire », il faut entendre non seulement les débours [tels que bois, fer, câbles rompus à l'occasion de travaux périlleux exécutés par le réparateur, prix de la main-d'œuvre...] mais encore la rémunération du service rendu.

Une discrimination entre les éléments matériel et rémunératoire du prix de la réparation, fixé globalement, dont l'ensemble constitue les frais faits pour la conservation, ne se justifierait à aucun point de vue (2).

Mais sont seuls privilégiés les frais effectués pour la conservation du navire lui-même, envisagé dans ses éléments constitutifs. Le créancier qui, pour couvrir les risques de perte de son gage, aurait contracté une assurance, ne pourrait invoquer le privilège du droit commun.

L'assurance ne tend, en effet, qu'au remplacement du bâtiment, s'il vient à périr, par une indemnité due en vertu d'un droit distinct du bâtiment lui-même.

Le créancier ne saurait arguer, utilement, de ce que les primes, par lui payées, constitueraient un accessoire indivisible de la créance principale et par-

(1) Paris, 13 janvier 1926, précité.
(2) Paris, 16 février 1927, précité.

ticiperaient en conséquence du même caractère privi‑
légié et des mêmes garanties (1).

Il en est de même des simples frais d'amélioration
qui ne font qu'augmenter l'utilité et la valeur du
navire (2).

Mais il faut reconnaître qu'entre les dépenses de
conservation et celles d'amélioration, la différence
doit être souvent fugitive et délicate à établir (3). La
jurisprudence maritime ne semble pas avoir eu l'occa‑
sion d'exercer sur ce point son pouvoir d'appréciation.

Au point de vue de l'assiette, le privilège porte sur
le navire, et, en cas de sinistre, sur l'indemnité d'assu‑
rance. La loi du 19 février 1889, applicable aux créan‑
ciers de l'art. 191 l'est *a fortiori* à ceux de l'art. 2102
al. 3 (4).

Lorsque les frais exposés pour la conservation du
navire sont augmentés par celle de la cargaison, le
créancier peut invoquer son privilège sur ladite car‑
gaison, à supposer même qu'il n'ait traité avec l'ar‑
mateur que pour la conservation du bâtiment. Une
telle convention laisse, en effet, intact le droit de
créance que lui donne sur le chargement, le sauvetage
qu'il en a effectué (5).

---

(1) Paris, 16 février 1927, précité.
(2) AUBRY et RAU, t. III, p. 258.
(3) BEUDANT, *Les sûretés personnelles et réelles*, tome Ier,
p. 385.
(4) René LAVIGNE, article précité.
(5) Rouen, 21 mars 1894 [AUTRAN, X, 168]. V. Req., 18 août
1858 [D., 1858, 1, 410]. Le prix d'achat et de transport du
charbon nécessaire pour assurer le retour en France d'u

Exposées en vue du salut commun du navire et de la cargaison, ces dépenses affecteront le navire, le fret, le chargement, ou, en raison de l'indivisibilité du privilège, l'un ou l'autre de ces objets, au choix du créancier (1).

Comme tous les privilèges spéciaux mobiliers du droit civil, celui du conservateur est attaché à sa créance dès l'instant qu'il en établit l'existence, par un des modes de preuve du droit commun.

L'accomplissement d'un voyage, postérieurement à sa naissance, n'entraîne pas l'extinction du privilège.

Plus avantageux à ce double point de vue que le privilège de l'art. 191, celui de l'art. 2102 al. 3 ne sera, cependant, invoqué par le créancier que lorsque les circonstances l'y contraindront.

Nous ferons ressortir, en effet, dans le chapitre III, l'intérêt capital que présente, en ce qui concerne le rang, l'existence d'un privilège de droit maritime.

Missouri, et du mobilier qui le garnissait, peut être considéré comme prêté pour la conservation de ce mobilier, et dès lors, être privilégié par application de l'art. 2102, al. 3, sur le prix de ce dernier.

(1) Civ., 29 mai 1878 [Havre, 1879, 2, 188].

CHAPITRE III

Effets des privilèges.

Les privilèges sur le navire donnent aux créanciers qui en sont investis un droit de préférence sur le prix, leur permettant d'être payés avant les autres créanciers.

Consolidé par un droit de suite à l'encontre du tiers acquéreur, ce droit survit à l'aliénation du bâtiment par le débiteur.

En ce qui concerne le privilège de l'art. 191, l'art. 190 C. com. décide, en effet, que le navire est spécialement affecté aux dettes privilégiées du vendeur.

En est-il de même du privilège de l'art. 2102 al. 3 ?

Une partie de la Doctrine (1) et la jurisprudence de la Cour de cassation (2) ont soutenu que les privilèges mobiliers spéciaux ne sont pas des droits réels. Et M. Hennebicq a prétendu que les privilèges de droit

----

(1) Colin, Capitant *Cours de Droit civil*, tome II, p. 789.
(2) Civ., 19 février 1894 ; D., 1894, 1, 413 ; Req., 21 décembre 1910 ; D., 1912, 1, 23.

civil, applicables au navire, ne comportent pas de droit de suite (1).

Nous n'examinerons pas ici la question de la nature des privilèges mobiliers spéciaux. Nous n'envisagerons pas non plus la question de la valeur législative du droit de suite. Ce serait dépasser l'objet de notre étude.

Nous dirons seulement, avec M. Beudant (2), que de ce que le droit de suite est paralysé par l'art. 2279 C. civ. il ne s'ensuit point qu'il n'existe pas.

L'art. 2279 est inapplicable au navire. L'art. 190 confère un droit de suite au créancier privilégié de l'art. 191. Qu'est-ce que le privilège de l'art. 2102 al. 3 ? Un privilège mobilier spécial, tout comme celui de l'art. 191.

Lors donc que le privilège de l'art. 2102 al. 3 sera exercé sur le navire, il conférera un droit de suite à son titulaire.

La généralité des termes de l'art. 190, et le fait que ce texte accorde le même droit de suite aux simples créanciers chirographaires, ne peuvent que nous fortifier dans cette opinion (3).

Des multiples questions qui se rattachent soit à la valeur, soit à la durée des effets des privilèges, nous n'envisagerons que celles qui, par quelque côté, sont spéciales à la matière du présent travail.

---

(1) HENNEBICQ, *Droit maritime comparé*, 1re partie : Le Navire, p. 290.
(2) *Les sûretés personnelles et réelles*, tome Ier, p. 229 et s.
(3) LYON-CAEN et RENAULT, tome VI, n° 1722 ; DANJON, tome V, pp. 594-595.

SECTION I. — *Effets des privilèges.*

§ 1er. — Le droit de préférence.

Aux termes de l'art. 2095 C. civ. le créancier privilégié est préféré aux autres créanciers, même hypothécaires.

Les créanciers privilégiés, tant en vertu de l'art. 191 que de l'art. 2102 al. 3, doivent-ils, comme tous les créanciers privilégiés, passer sur le prix du navire, avant les créanciers hypothécaires ?

L'affirmative n'est pas douteuse pour les créanciers de l'art. 191, puisque, aux termes de ce texte (dernier alinéa, loi du 10 juillet 1885, art. 34), les créanciers hypothécaires sur le navire viennent après les créanciers privilégiés.

Mais certains auteurs réservent un traitement différent aux créanciers privilégiés du droit commun et soutiennent que les créanciers protégés par le droit maritime doivent être payés les premiers.

L'art. 191 n'a cependant pas écarté l'application du principe de l'art. 2095.

Pourquoi distinguer, dans le silence de la loi, entre les créanciers qui doivent leurs privilèges au droit commun et ceux qui les tiennent des dispositions spéciales de la loi maritime ? Tous les privilèges, quelle que soit leur source, sont dignes de considération.

Il ne faut pas oublier, enfin, que de simples créanciers terrestres peuvent se faire constituer une hypothèque maritime. Les faire passer sur le navire avant ceux qui l'ont conservé, répugnerait, selon l'expression d'Emerigon, aux règles les plus triviales (1).

Quel est, maintenant, le rang des diverses créances privilégiées, les unes par rapport aux autres ?

La question est assez complexe. Pour la résoudre, il convient de régler le concours :

I. Des créanciers privilégiés de l'art. 191 et de l'art. 2102 al. 3.

II. Des différents créanciers privilégiés par l'art. 191.

III. Des créanciers visés par un même alinéa de l'art. 191.

I. — Nous avons vu que le créancier qui a perdu son privilège maritime peut invoquer — subsidiairement — le privilège correspondant du droit civil.

Subsidiairement, c'est dire que ce privilège ne sera opposable, suivant l'expression d'Emerigon, qu'aux « créanciers externes ». La règle spéciale doit dominer la règle du droit commun (2). Par cela même que la loi maritime a pris soin de donner à certains créanciers un privilège sur le navire, elle a clairement montré qu'elle voulait favoriser ces créanciers plus que tous les autres (3).

Le créancier aura donc toujours intérêt à invoquer, le plus rapidement possible, et en se soumettant aux

(1) LEVILLAIN, note au D., 1886, 1, 113 et s. [Civ., 4 janvier 1886].
(2) DESJARDINS, tome I⁰ʳ, p. 312, n° 169.
(3) Voir DANJON, tome V, p. 577.

formalités de l'art. 192, le privilège de l'art. 191 de préférence à celui de l'art. 2102 al. 3.

Au lieu de figurer, suivant les cas, au 5ᵉ, au 7ᵉ, ou au 8ᵉ rang, il ne viendrait, en effet, tout plus, qu'au 12ᵉ, une fois épuisés les 11 chefs de créances privilégiées par le droit maritime (1).

Pour connaître le rang exact du privilège des frais de conservation, il convient de tenir compte des autres privilèges spéciaux du Droit terrestre (2), qui peuvent être invoqués sur le navire.

Ces privilèges sont, pratiquement (3), celui du vendeur du navire, et celui du bailleur qui a loué ses magasins pour loger les agrès et apparaux.

Le conflit susceptible de se présenter entre ces trois catégories de créanciers est assez facile à résoudre.

Le bailleur (4) jouit, en tant que créancier nanti de bonne foi, d'un droit de priorité à l'encontre des autres, puisqu'il est protégé par la règle : « en fait de meubles, possession vaut titre », mais il en serait autrement si les frais de conservation avaient été exposés postérieurement à la constitution tacite de son gage.

Reste le conflit du vendeur et du créancier de l'art.

(1) Note Solus, précitée.
(2) De l'avis de la majorité des auteurs, les privilèges généraux de l'art. 2101 C. civ. passent, sur le navire, après les privilèges spéciaux. Lyon-Caen et Renault, tome VI, p. 706 ; Ripert, tome II, p. 98 ; De Valroger, tome I, p. 167.
(3) Ripert, *op. cit.*, tome II, p. 95.
(4) La créance du bailleur était plus importante, autrefois, au temps de la marine à voiles, qu'aujourd'hui.

2102 al. 3. A première vue, le droit de ces créanciers, créateur et conservateur, paraît devoir être égal. Le gage ne provient-il pas de leur double concours ? Mais ce n'est là qu'une apparence. Le gage, une fois créé, n'eût pas subsisté, s'il n'avait été conservé. Les frais de conservation ont profité au vendeur. Il est juste qu'ils soient payés avant le prix du navire.

II. — L'art. 191 n'a pas seulement déterminé la qualité des créances privilégiées. Il a aussi déterminé leur rang (1).

Ayant à résoudre le concours des privilèges des al. 5, 7, 8 qui reposent, les uns et les autres, sur la notion de conservation le législateur a, très équitablement, donné la priorité à ceux des créanciers qui ont, les derniers, effectué les dépenses de conservation.

III. — Fidèle à l'idée de conservation, l'art. 323 C. com. décide qu'en cas de pluralité d'emprunts à la grosse, faits pendant le même voyage (2), soit dans des ports différents, soit dans le même port mais pendant des séjours différents, le dernier est préféré à celui qui l'a précédé.

On peut étendre ce principe aux prêteurs ordinaires et aux fournisseurs et réparateurs, puisque, on vient de le voir, sa raison d'être, toute d'ordre général, ne

---

(1) Le classement établi pour le navire vaut pour le fret, à supposer que les créanciers y aient droit. DANJON, tome V, p. 576 ; LYON-CAEN et RENAULT, tome VI, p. 699.
(2) Il faut supposer que les objets affectés à la garantie des prêteurs ont, depuis la conclusion des emprunts, diminué de valeur.

se déduit pas des caractères propres au prêt à la grosse.

Mais on comprend qu'il n'en soit pas de même des chargeurs.

Il serait, en effet, exorbitant de laisser au capitaine, libre de vendre leurs marchandises, à leur insu, ou sans leur concours, et dans l'ordre qui lui plaît, le soin de déterminer leur rang.

D'ailleurs, la communauté d'intérêts qu'a établie l'art. 298 C. com. s'oppose à ce qu'il soit créé entre eux des causes de préférence.

En ce qui concerne le concours qui peut exister entre chargeurs et prêteurs, la solution la plus juridique en même temps que la plus équitable, consiste à faire application des principes que nous venons de rappeler, à savoir :

— l'ordre des dates pour déterminer la préférence entre prêteurs et chargeurs et pour fixer la part revenant à chaque prêteur;

— la règle du concours pour [après avoir fait masse des sommes obtenues pour les chargeurs, conformément à l'ordre des dates] fixer la part revenant à chaque chargeur (1).

De la sorte, la situation des prêteurs n'est pas modifiée par le fait qu'ils concourent avec des chargeurs ou avec d'autres prêteurs.

L'art. 191 (avant-dernier alinéa) a posé la règle du concours pour les créances nées, bien qu'à des dates

(1) JOURDAN, *Des sûretés réelles sur les navires*. Thèse, Aix, 1914, pp. 214 et s.

différentes, pendant un même séjour dans le même port (1). Les créanciers ont fait à deux ou trois ce qu'un seul aurait pu faire si les besoins du navire avaient exigé des dépenses moins considérables (2). Quelle raison, en préférant l'un à l'autre (3), de rompre l'unité de l'opération ?

La solution contraire permettrait au capitaine de donner la priorité au premier des créanciers dont il aurait signé le contrat.

§ 2. — Le droit de suite.

Le droit de suite produit les mêmes effets entre les mains des créanciers chirographaires qu'entre les mains des créanciers privilégiés.

Les développements dont il peut être l'objet seraient donc difficilement conciliables avec le caractère spécial de notre étude.

Nous nous contenterons de rapporter l'espèce suivante, relative à un emprunt à la grosse contracté par le capitaine pour le salut du navire et de la cargaison.

La cargaison avait été affectée au remboursement de cet emprunt.

---

(1) Cette règle s'applique, non seulement aux créanciers, dont les droits sont identiques, mais aussi à ceux dont les droits ont été considérés par la loi comme équivalents.

(2) V. Desjardins, tome Ier, p. 310 ; Aix, 5 juillet 1867 [Marseille, 1867, 1, 78].

(3) Le fournisseur ou le réparateur est toutefois primé par le prêteur dont les deniers sont destinés à le payer.

La question s'est posée, devant la Chambre civile (1) de savoir si ledit emprunt conférait au porteur du billet de grosse un privilège sur la cargaison, alors que le capitaine s'en était dessaisi et l'avait livrée au destinataire.

La Cour suprême a décidé qu'il n'y a pas de droit de suite sur les marchandises que ne détient pas le créancier par lui-même ou par un représentant; que lorsqu'une marchandise, chargée sur un navire, a été grevée d'un contrat à la grosse, le capitaine tant qu'elle est sur le bâtiment, la détient pour compte de tous les intéressés; mais que lorsqu'elle vient à être débarquée, le créancier du billet, par application des principes qui régissent les droits réels sur marchandises affectées, n'a pas ce droit, dans les mains du propriétaire ou du commisionnaire qui la reçoit pour en disposer.

SECTION II. — *Extinction des privilèges.*

L'extinction des privilèges peut être, soit complète et absolue, c'est-à-dire qu'elle peut affecter à la fois le droit de préférence et le droit de suite, soit incomplète et relative, le droit de préférence survivant, pour s'exercer sur le prix non payé du navire, au droit de suite qui seul disparaît.

(1) Civ., 8 janvier 1866 ; D., 1866, 1, 55.

§ 1ᵉʳ. — Extinction du droit de préférence et du droit de suite.

Comme en droit commun, l'extinction *totale* de la créance amène l'extinction de la garantie de cette créance.

Une extinction partielle n'aurait pas ce résultat. Tant qu'une fraction de la créance reste due, le privilège, indivisible, subsiste pour en assurer l'acquittement.

A cette extinction par voie accessoire, il convient d'ajouter l'extinction par voie principale. On peut supposer :

— que le créancier renonce à son privilège;

— ou que la perte, totale et sans indemnité, du navire, ne lui permette pas d'exercer son droit de préférence sur les débris ou l'indemnité payée au propriétaire.

En ce qui concerne la résolution des droits du débiteur, nous ne nous attacherons qu'à la forme sous laquelle elle présente le plus d'intérêt, nous voulons parler de l'effet déclaratif du partage.

L'hypothèse à envisager est la suivante : Plusieurs personnes, propriétaires d'un navire, l'ont mis en commun pour l'exploiter. L'importance pratique d'un tel état de choses a nécessité une réglementation juridique spéciale, différente de celle de l'indivision du Droit terrestre.

L'art. 220 C. com. a posé cette règle, qu'en tout ce qui concerne l'intérêt commun des propriétaires, l'avis de la majorité est suivi.

Par actes d'intérêt commun il faut entendre ceux qui ne peuvent être faits que pour la totalité du navire, et qui rentrent dans l'exploitation normale du bâtiment.

L'armement, l'équipement, l'entretien du navire sont des actes pour lesquels la majorité est souveraine.

Des créances, des privilèges vont naître, de la sorte, pendant l'indivision, au profit de fournisseurs, de réparateurs..., du chef des quirataires, représentés au besoin par la majorité d'entre eux.

Mais supposons que, d'une façon ou d'une autre, pour une raison ou pour une autre, la licitation du navire ait été décidée et que l'adjudication ait lieu au profit d'un des portionnaires.

La question se pose alors de savoir quels vont en être les effets. Sera-t-elle déclarative de propriété, à l'instar de l'indivision du Droit terrestre; effacera-t-elle rétroactivement la communauté, si bien que le navire arrivera à son adjudicataire franc et quitte des privilèges nés, pendant l'indivision, au profit des créanciers que nous avons considérés?

La négative se justifie du point de vue de l'équité et de la pratique.

Nous ne **sommes** pas, ici, en présence d'héritiers ou de copartageants besogneux, indélicats, qui auraient profité de l'époque d'indivision pour dissiper la part des autres, à leur insu, avec la leur. La situation est bien **différente.**

Les actes qui ont donné naissance aux privilèges des fournisseurs et des réparateurs ont eu pour résultat de rendre service au navire tout entier (1).

Qu'il fasse partie de la majorité des portionnaires, visée par l'art. 220, ou qu'il figure dans la minorité, l'adjudicataire est, en quelque sorte, lié par ces actes, contractuellement dans le premier cas, extracontractuellement **dans le deuxième.**

Faut-il ajouter qu'à la différence de l'indivision du Droit terrestre, qui constitue, en raison de son inorganisation, un état de choses fâcheux, temporaire, exceptionnel, la copropriété des navires, réglementée par le Code de commerce, est utile, durable, fréquente (2), et que le crédit des copropriétaires serait gravement atteint si les privilèges, affectés à la garantie de leurs créanciers, ne survivaient pas à l'indivision ?

Malheureusement, cette solution ne peut se défendre du point de vue des textes.

Aucun doute pour le privilège de l'art. 2102 al. 3; il est soumis au droit commun de l'art. 883 C. civ.

En est-il de même du privilège de l'art. 191 ?

Si l'art. 17 de la loi du 10 juillet 1885 décide que les « hypothèques », consenties durant l'indivision, par un ou plusieurs des copropriétaires, sur une portion du navire, continuent à subsister après le partage ou

(1) DANJON, tome V, p. 599.
(2) DANJON, V. *Manuel de Droit maritime*, pp. 52 et s.

la licitation, il a soin de spécifier que c'est par dérogation à l'art. 883.

L'effet déclaratif doit donc, en présence de termes aussi restrictifs, être appliqué à tous les privilèges sans distinction (1).

Mais doit-on se borner à écarter ce qui, dans le privilège, est relatif aux rapports des copropriétaires entre eux, c'est-à-dire le droit de suite du créancier à l'encontre de l'attributaire, ou faut-il écarter aussi ce qui ne concerne que les rapports des créanciers entre eux, c'est-à-dire le droit de préférence sur la portion du prix d'adjudication que reçoit le débiteur ?

Cette question, qui ne semble pas avoir préoccupé les commentateurs du Droit maritime, est encore discutée en Droit civil.

La Cour de cassation, par un arrêt en date du 16 avril 1888 [1888.1.249], a décidé que le créancier devait être réduit à venir, sur le prix d'adjudication, au marc-le-franc avec les créanciers chirographaires.

L'intérêt du copartageant attributaire n'exige, cependant, aucunement cette injustice.

Il faut donc souhaiter que cette jurisprudence se corrige elle-même et que, suivant la route tracée par

____

(1) On assiste alors à ce résultat un peu étrange que la créance de celui qui a subvenu aux besoins du navire est garantie par la responsabilité solidaire de tous les propriétaires inscrits sur l'acte de francisation [DANJON, tome V, p. 598 ; DE VALROGER, tome Iᵉʳ, n° 169 ; Civ., 27 février 1877 ; D., 77, 1, 209] alors que le privilège attaché à cette créance est méconnu, après l'indivision par les anciens copropriétaires.

l'arrêt des Chambres réunies du 5 décembre 1907 [D. 1908.1.113], elle consacre la portée, purement relative, de l'art. 883 (1).

Nous savons déjà que le privilège disparaît lorsque le navire entreprend un voyage, postérieurement à la naissance de la créance. Nous ne reviendrons pas sur cette cause d'extinction.

§ 2. — Extinction du droit de suite.

Nous ne ferons que mentionner ces causes d'extinction. Loin d'être spéciales à notre privilège, elles concernent non seulement les créanciers privilégiés, mais encore les créanciers chirographaires.

Ces causes sont au nombre de trois :

1° La renonciation du créancier au droit de suite.

2° La vente du navire en justice dans les formes d'une vente sur saisie.

3° La vente volontaire du navire, suivie d'un voyage en mer, dans les conditions déterminées par l'art. 194 C. com.

———————

APPENDICE : Les procédés techniques de la navigation moderne, perfectionnés par la science, ont singulièrement augmenté les besoins du commerce maritime.

(1) COLIN, CAPITANT, *op. cit.*, tome III, p. 514 (3ᵉ édition).

Et cependant, cristallisés dans des textes vieux d'un siècle, les principes essentiels du Droit maritime contemporain ne diffèrent pas beaucoup de ceux du très Ancien Droit.

La loi du 10 décembre 1874, refondue dans celle du 10 juillet 1885, en rétablissant l'hypothèque maritime, est venue faire une brèche à cet édifice législatif.

Mais, bien que supérieure au prêt à la grosse, l'hypothèque s'est montrée impuissante à vaincre l'hésitation des prêteurs de deniers.

Pour les encourager à consentir des avances aux armateurs, on a songé à renforcer leur garantie. La lutte de l'hypothèque contre le prêt à la grosse s'est donc généralisée. Elle s'étend aujourd'hui à la plupart des créances privilégiées.

Le projet de révision du Livre II du Code de commerce, élaboré en 1919, tout en sacrifiant à cette tendance, s'est néanmoins refusé à réaliser de trop nombreuses suppressions. (V. Annexes p. 173).

Il a fortement inspiré les rédacteurs du Code marocain (V. Annexes p. 175) (1).

------

(1) Aubrun, *Revue de législation et de jurisprudence marocaines*, 1922, III, 5, 21 ; Ripert, Le Code maritime marocain du 31 mars 1919 [Autran, XXXII, 517 et s.].

DEUXIÈME PARTIE

Droit Comparé

Circonscrite dans les limites purement nationales de l'examen de notre Droit, l'étude du privilège des fournisseurs et réparateurs eût été un objet bien théorique.

Les relations avec l'étranger deviennent chaque jour plus nombreuses, les voyages, plus longs pour être rémunérateurs, les relâches, plus fréquentes pour ravitaillement ou accidents de navigation.

De la créance privilégiée, on peut dire qu'elle est, par essence, internationale. En quelque lieu que se trouve le navire, avec ou contre sa volonté, elle prend naissance avec ses besoins (1).

Des rapports de droit vont naître, dont les éléments de fait ne seront pas soumis à l'empire d'une même législation. Des difficultés vont surgir. La question se

(1) LEFEBVRE, *Des conflits de lois en matière de propriété de navires, d'hypothèques et autres droits réels* [AUTRAN, XX, 803].

posera, pour les résoudre, de savoir à quelle loi, parmi celles qui seront aux prises, il faudra donner la préférence.

Lié, en tant que sûreté, à l'organisation générale du crédit réel par la législation terrestre, et issu de considérations supérieures d'équité et d'utilité, le privilège des fournisseurs et réparateurs devait subir, dans sa réglementation, des variations parallèles à l'arbitraire législatif.

Nous ne pouvions songer à présenter ici un tableau complet des différentes législations. L'étude des lois en vigueur dans les divers pays, utile, certes, à ceux qui se livrent habituellement aux opérations maritimes, aurait dépassé, par son ampleur, les limites ordinaires d'un travail de ce genre.

Il nous suffira de tenter une esquisse de Droit comparé, de signaler les conceptions générales qui s'affrontent sur le terrain de notre privilège, de les illustrer par l'examen des systèmes présentant les plus notables différences avec le système français.

L'exposé des droits allemand, anglais, d'une part, belge et grec, d'autre part, nous a paru convenir le mieux à cet objet.

CHAPITRE PREMIER

En Allemagne, comme en Angleterre, les créances nées à l'occasion des besoins du navire jouissent d'une cause de préférence.

Section I. — *Le Droit allemand.*

Aux termes de l'art. 754 C. com. allemand (1) :

« Al. 1 :... les frais de conservation du navire et de
« ses agrès et apparaux, depuis son entrée dans le
« dernier port, au cas où il est vendu par voie d'exé-
« cution forcée;

« Al. 6 : les créances du prêteur à la grosse;

« Les créances résultant d'autres opérations de
« crédit que le capitaine, agissant en sa qualité, a
« conclues en cas de nécessité, pendant un arrêt du
« navire, hors du port d'attache, même s'il est copro-
« priétaire ou seul propriétaire du bâtiment.

«...les créances qui dérivent de fournitures ou de
« travaux et qui existent sans avoir fait l'objet d'un

(1) C. Com. allemand, 1900. Traduction Paul Carpentier, Annexes, pp. 178 et s.

« crédit consenti au capitaine, agissant en sa qualité,
« en cas d'urgence, pendant un arrêt du navire, hors
« du port d'attache, même s'il est copropriétaire ou
« seul propriétaire du bâtiment, et pour l'entretien du
« navire ou l'achèvement du voyage, pourvu que ces
« fournitures et travaux aient été nécessaires pour
« faire face à un besoin », confèrent à leurs créanciers
les droits d'un Schiffsglaübiger.

Le créancier du navire est titulaire d'un gage sans
déplacement, sur la fortune de mer de l'armateur, qui
dérive de la loi et qui lui confère un droit de suite
opposable aux tiers possesseurs du navire (art. 755).

En droit français, le créancier privilégié a pour
gage, outre le navire, affecté spécialement au paiement de sa créance, tous les biens de son débiteur,
sauf la faculté pour le propriétaire de s'affranchir de
cette responsabilité personnelle et indéfinie par l'abandon de sa fortune de mer (art. 216 C. com.).

Le principe du droit allemand réside dans l'association qu'il a établie entre l'idée de responsabilité limitée et celle de privilège sur la fortune de mer. Le
créancier du navire, qui prime les autres créanciers,
est, de plein droit, réduit à une action réelle sur le
navire et le fret.

Mais dans l'une comme dans l'autre législations,
cette limitation de responsabilité cesse quand la qualité de capitaine et celle de propriétaire reposent sur
la même tête.

L'art. 754 al. 6 prévoit le cas d'un capitaine copropriétaire ou seul propriétaire du bâtiment.

L'art. 762 décide, au mépris du principe posé plus haut, que le fait que l'armateur est personnellement tenu de la créance, dès la naissance de celle-ci ou postérieurement, n'exerce aucune influence sur les droits du créancier du navire. C'est aussi la solution de la jurisprudence française.

Dans l'énumération de l'art. 754, aucune disposition qui corresponde à notre art. 191 al. 8.

La rédaction de l'art. 754 al. 6 est plus complexe que celle de l'art. 191 al. 7 du Code français; mais au fond, les créances privilégiées sont les mêmes. Ce sont les créances de ceux qui, comme le prêteur à la grosse (1), le prêteur ordinaire, le fournisseur, le réparateur, ont pourvu, hors du port d'attache du navire, à ses besoins urgents et ont ainsi assuré sa conservation ou la continuation du voyage.

L'art. 754 al. 1 s'explique de lui-même et c'est l'analogue de l'art. 191 al. 5.

Tandis qu'en droit français, les créances ne restent privilégiées qu'autant que le navire n'entreprend pas un voyage postérieurement à leur naissance, en droit allemand, par suite de la conception adoptée par l'art. 767, les créances qui concernent le dernier voyage ne sont que préférées à celles qui se rapportent aux voyages antérieurs.

Le législateur allemand a, dans l'art. 757, entrepris de préciser le sens du mot voyage, mais il a considéré

____

(1) Art. 680, 759, al. 1ᵉʳ.

une telle multiplicité d'hypothèses que, plus que jamais, il convient de dire : *omnis definitio periculosa.*

Le privilège garantit également le capital, les intérêts, la prime du contrat à la grosse, et les frais (art. 760).

Il porte : 1° sur le navire et ses agrès et apparaux (art. 755).

2° Sur l'indemnité en cas de perte ou d'endommagement du navire; sur l'indemnité payée pour le sacrifice et la détérioration des marchandises en cas d'avarie grosse (art. 775).

3° Sur le fret brut du voyage qui a donné lieu à la créance (art. 756).

4° S'il y a fret manqué, sur l'indemnité payée à l'armateur par celui qui a causé la perte ou la détérioration de la marchandise, en commettant quelque fait contraire au droit (art. 775).

La cession du fret est sans influence sur les droits des créanciers du navire qui peuvent faire valoir leur privilège à l'encontre du nouveau créancier, aussi longtemps que le fret reste dû ou demeure aux mains du capitaine (art. 771).

L'art. 771 accorde aux ayants droit, au cas où le fret a été encaissé par l'armateur, un droit de rétention compliqué d'une responsabilité spéciale de l'armateur (1), ce dernier devenant personnellement responsable vis-à-vis des créanciers du navire, ainsi privés

(1) HENNEBICQ, *Droit maritime comparé*, 1re partie : Le Navire, p. 388.

de tout ou partie de leur gage, et vis-à-vis de chacun, pour le montant de la somme qui lui aurait été attribuée, selon son rang légal de collocation, dans la distribution de la somme encaissée.

Pour le prêteur à la grosse, l'art. 759 al. 2 décide que l'étendue de son droit de gage est régie par la teneur du contrat à la grosse.

Les créanciers ne sont assujettis à d'autres justification qu'aux preuves du droit commun.

L'art. 647 C. civ. allemand (1), au titre « du contrat d'ouvrage » prévoit, pour l'entrepreneur, un droit de gage sur les choses mobilières de l'auteur de la commande, par lui confectionnées ou remises en meilleur état, si lors de la confection ou en vue de l'amélioration elles ont été mises en sa possession.

Il a été jugé que cette diposition était applicable à celui qui effectue des réparations à un navire. La possession par le créancier n'est pas une condition essentielle de son droit, auquel on pourrait donner le nom de gage légal (2). L'art. 1253 C. civ., en vertu duquel le gage conventionnel s'éteint par la remise de l'objet au constituant ou à son propriétaire, ne saurait lui être étendu (3).

A la différence du droit français, les créanciers à gage conventionnel (il n'y a pas, en Allemagne, d'hy-

(1) Code Civil allemand, 1900. Traduction de l'Office de Législation étrangère et de Droit international. Annexes, p. 178.
(2) HENNEBICQ, p. 390.
(3) Tribunal d'Empire, 6 mai 1924 [Dor., 8, 55].

pothèque, au sens français du mot) priment les créanciers du droit commun. Ils sont toutefois primés par les créanciers du navire (1).

Mais quel est le rang des créanciers privilégiés les uns par rapport aux autres ?

La question est double. Il convient d'abord de régler le concours des créanciers du navire et des créanciers du droit commun.

L'art. 776, fidèle au principe fondamental de la corrélation établie par le droit allemand entre les deux idées de responsabilité limitée et de privilège sur la fortune de mer (2), dispose formellement que les privilèges du droit maritime passent toujours avant ceux du droit commun.

En ce qui concerne les créanciers du navire les uns à l'égard des autres, le législateur a combiné la nature et l'époque de la naissance de leurs créances. Les dispositions qu'il a édictées relativement à l'ordre de collocation sur le navire s'appliquent également au droit de gage sur le fret (art. 771 al. 2).

Les frais de conservation du navire depuis son entrée dans le dernier port priment toutes les autres réclamations des créanciers du navire (art. 766).

Quant aux créances prévues par l'art. 754 al. 6, celles qui sont relatives au dernier voyage sont préférées à celles qui se rapportent aux voyages antérieurs. Celles qui se rapportent à un voyage postérieur sont

(1) Hennebicq, p. 390.
(2) Ripert [Dor., 13, 275].

préférées à celles qui se rattachent à un voyage précédent (art. 767).

Lorsque la navigation, en vue de laquelle le prêt à la grosse a été conclu, comprend plusieurs voyages au sens de l'art. 757, les créanciers du navire, dont les droits se réfèrent à une navigation postérieure à l'achèvement du premier de ces voyages, priment la créance du prêteur à la grosse (art. 767).

Entre les créances visées par l'art. 754 al. 6 et se rapportant à un même voyage, la dernière en date prime la plus ancienne. Celles qui sont concomitantes sont mises sur la même ligne. Il en est de même des créances résultant de diverses opérations conclues par le capitaine à l'occasion d'un même cas d'urgence (art. 769).

En cas de vente forcée du navire, sur le territoire de l'Empire, ou de vente, réalisée par le capitaine dans la sphère de ses attributions légales, en présence d'une nécessité urgente, le créancier, subrogé dans le prix de vente, exerce son droit de préférence sur ce prix, tant qu'il demeure aux mains de l'acheteur ou du capitaine (art. 764).

APPENDICE : Nous ne saurions passer sous silence le Code maritime de l'Empire du Japon.

Rédigé sous l'influence scientifique du Droit allemand et sur certains points du Droit français, le droit maritime japonais est contenu dans le L. V du Code de commerce promulgué en 1899, revisé en 1911 [Annexes p. 184] (1).

En ce qui concerne la responsabilité de l'armateur, ce Code s'est rallié à la conception française, suivant laquelle, le propriétaire du navire, indéfiniment responsable des actes du capitaine a, néanmoins, la faculté de faire abandon du navire et du fret (art. 544).

La notion allemande de fortune de mer a, par contre, prévalu dans l'art. 680 al. 9 aux termes duquel sont privilégiés tous les créanciers auxquels l'abandon peut être opposé.

Ce compromis entre les systèmes français d'une part, allemand, d'autre part, devait être signalé.

Les créanciers sont classés par voyage (art. 682).

Mais si tel est, dans ses grandes lignes, le « droit » japonais, il convient d'ajouter que la « pratique », discordance assez curieuse, s'inspire des usages anglo-saxons.

Section II. — *Le droit anglais.*

La situation des créanciers pour fournitures et réparations est complexe, car les sûretés réelles légales qui leur sont accordées se divisent en trois catégories :

> possessory liens at common law
> maritime liens
> statutory liens

(1) Le Code de Commerce maritime de l'Empire du Japon, G. Ripert. Sozo Komachiya, 1923

Le possessory lien at common law est le droit, résultant de l'interprétation stricte de la loi civile, accordé à la personne qui se trouve en possession d'objets appartenant à son créancier, et à l'occasion desquels est née sa créance, de les garder jusqu'à ce qu'elle soit payée. Il correspond au droit de rétention du Code français.

Le maritime lien, spécial au droit maritime, est un privilège attaché à la créance en considération de sa nature. Indépendant de la possession de l'objet qui garantit cette créance, il comporte, outre un droit de préférence, un droit de suite, à l'instar de nos privilèges maritimes.

Il se complète par le statutory lien.

Soit qu'on l'envisage comme complément d'un maritime lien, soit qu'il représente, pour le créancier dépourvu de lien, le droit d'intenter l'action dite *in rem*, le statutory lien a pour résultat la saisie de la propriété de l'objet qui, dès lors, se trouve placé sous la responsabilité et sous la garde du « marshall » de la division des Testaments, Divorces, Amirauté (1). C'est l'analogue d'une saisie conservatoire (2).

---

(1) La Superior Court of Judicature in England, issue, en 1875, de la réunion de la Cour d'Amirauté, des Cours de Common Law de Westminster, de la Cour de Chancellerie d'Angleterre, de la Cour des Testaments et Divorces, se divise en deux sections : 1° la Cour d'Appel dont les décisions sont déférées à la Chambre des Lords ; 2° la Haute-Cour de Justice qui comprend cinq divisions. L'une d'elles, la Division des Testaments, Divorces, Amirauté, a pour compétence l'ancienne compétence de la Cour d'Amirauté.

(2) HENNEBICQ, p. 401.

§ 1ᵉʳ. — Maritime liens.

Dans l'état actuel du Droit anglais, le prêteur à la grosse, le capitaine, pour les débours qu'il a exposés dans l'intérêt du navire, jouissent d'un maritime lien.

Les créanciers à raison des « necessaries » fournies au navire, aujourd'hui dépourvus de lien, ont autrefois connu une fortune meilleure.

I. — *Détermination des créances privilégiées.*

A) Le prêt à la grosse est un contrat par lequel le capitaine, du consentement du propriétaire (1), en l'absence de tout autre moyen de se procurer des fonds, et sous l'empire de la nécessité, emprunte sur la garantie du navire, ou du fret, ou de la cargaison, ensemble ou séparément, pour pouvoir continuer son voyage, et s'engage à payer le principal, augmenté du profit, si le navire arrive à destination (2).

Sauf le cas de fraude apparente, l'usage que le capitaine fait de l'argent est sans influence sur le privilège du prêteur.

En droit français, le prêt à la grosse, qui ne satisfait

---

(1) Le prêt n'est pas valable s'il est contracté par le capitaine seul, alors qu'il est, question de fait, à portée de consulter son propriétaire, même télégraphiquement. Hennebicq, p. 407.

(2) Maclachlan [*Law of Merchant Shipping*, p. 54], cité par Jourdan [*Des sûretés réelles sur les navires*. Thèse, Aix, 1914, p. 165].

pas aux conditions nécessaires pour qu'il donne lieu à un privilège, est néanmoins valable comme prêt à la grosse.

En droit anglais, le prêt à la grosse n'est valable comme tel que dans les conditions exigées par notre Droit pour que le prêteur soit privilégié.

B) L'histoire du « lien for necessaries » (1) et du « lien for disbursements », étroitement liée à celle de la compétence de la Cour d'Amirauté, offre un curieux exemple de la lutte engagée entre cette Cour, qui voulait acclimater la thèse des législations continentales, et les Cours de Common Law de Westminster, soutenues par la Chambre des Lords, qui résistaient à l'introduction ou à l'extension des privilèges (2).

La Cour d'Amirauté ne put, pendant longtemps, connaître des causes que les Cours de Common Law

---

(1) On appelle necessaries toutes choses nécessaires pour le service du navire au moment de leur fourniture et d'après les circonstances de l'instant. Le demandeur doit prouver la nécessité ; il faut entendre par là, non une nécessité absolue, mais une nécessité raisonnable. Sont des necessaries, les armes, câbles, le charbon pour un navire à vapeur, les provisions, des vêtements pour l'équipage [JOURDAN, p. 131].

The paper mode for ascertaining waht is necessary is to ask what a prudent owner would himself have done if he had been present [Abbott's law of Merchant Ships and Seamen, p. 132].

Il y a lieu de faire une distinction complète entre les fournitures réellement faites en vue de la navigation, et les frais simplement faits dans le but de protéger l'armateur dans le cas éventuel d'un sinistre. Les primes d'assurance n'ont pas le caractère de necessaries [Haute Cour de Justice, 19 décembre 1904, AUTRAN, XX, 613].

(2) MACLACHLAN (p. 70), cité par JOURDAN (p. 119).

étaient à même de juger. Sa compétence fut d'abord restreinte aux cas relatifs à des événements qui s'étaient déroulés en haute mer.

Tous les ouvrages de droit anglais reconnaissaient que les créances des ouvriers et fournisseurs, employés à réparer et équiper le navire, devaient être assorties d'un privilège. Désireuse d'introduire cette pratique en Angleterre, la Cour d'Amirauté manifesta une tendance, très nette, à accorder un privilège là où elle était compétente.

Les necessaries étaient rarement fournies en haute mer; les fournisseurs et réparateurs étaient, à l'origine, rarement privilégiés.

Mais deux Acts, le premier, l'Admiralty Court Act de 1840, le second, l'Admiralty Court Act de 1861 (1) devaient, respectivement, reconnaître la compétence de la Cour d'Amirauté :

« ...pour toute demande en paiement de necessaries
« fournies à tout bâtiment de mer étranger, et pour
« assurer l'exécution de cette obligation, que le bâti-
« ment se soit trouvé dans les limites d'un Comté ou
« en haute mer, au moment de la fourniture des
« necessaries.

« Pour toute demande relative à des necessaries
« fournies à tout navire, ailleurs qu'à son port
« d'attache, à moins qu'il ne fut établi qu'au moment
« de l'introduction de l'instance, un propriétaire ou

(1) ABBOTT, pp. 897-1080. Annexes, pp. 186-187.

« copropriétaire était domicilié en Angleterre ou dans
« le pays de Galles.».

En même temps qu'il étendait la compétence de la
Cour d'Amirauté relativement aux necessaries, le
statut de 1861 lui conférait juridiction pour toute
demande du capitaine, tendant au paiement des
débours par lui exposés pour le compte du navire.

Les Cours Supérieures durent s'incliner et admettre
dans le *Mary-Ann* (1), au profit du capitaine, le
« lien for disbursements » qu'elles s'étaient, jusqu'ici,
maintes fois, refusé à lui reconnaître, en dépit de
l'intérêt que la navigation eût trouvé à ce qu'on encou-
rageât, à cette époque lointaine, les avances des capitaines à leurs armateurs.

Il nous suffira de rapporter deux des espèces antérieures au *Mary-Ann*.

Dans la première, la Court of King's Bench, statuant
sur la demande du capitaine d'un bâtiment occupé à
la pêche, dans les mers du Sud, qui, au cours du
voyage, avait réglé de ses deniers le prix de « necessary repairs and furnitures », avait décidé que le capitaine n'avait pas de lien (2). Et en 1861, la Chambre
des Lords s'était prononcée dans le même sens, dans
le cas « Bristow v. Whitmore », où elle avait à régler,
sur le fret, le conflit d'un créancier mort-gagiste et
d'un capitaine qui, en cours de voyage, avait pourvu

---

(1) *Mary-Ann. Cour d'appel*, 1865, à la suite de l'interprétation donnée par le Dr Lushington du Statut de 1861
[ABBOTT, p. 151].

(2) Hussey v. Christie, cité par ABBOTT, p. 144.

deux navires des provisions et « necessaries » grâce auxquels le fret avait pu être gagné (1).

L'interprétation donnée aux statuts, dans le *Mary-Ann* avait été universellement acceptée (2), mais elle devait, quelques années plus tard, rencontrer, de la part des Cours Supérieures, la plus grande résistance.

Guidée par la préoccupation de restreindre, en faveur des acquéreurs de navires, le nombre des liens, eu égard à leur caractère de charges occultes, la Cour d'appel, en 1885, fut amenée à déclarer, dans le cas du *Henrick-Björn* — relatif à des necessaries fournies à un navire étranger et conforme à l'hypothèse prévue par le statut de 1861 — que les mots du statut conféraient simplement juridiction et ne semblaient pas impliquer la création de droits aussi importants que ceux conférés par un maritime lien (3). Mais, fidèle à son ancienne jurisprudence, elle maintenait le privilège du capitaine.

La Chambre des Lords, au contraire, profitait de l'interprétation, nouvellement donnée aux statuts à l'occasion des necessaries, pour l'étendre aux disbursements, dans le cas du *Sara* (4).

---

(1) Bristow v. Whitmore, House of Lords, 1861, cité par ABBOTT, p. 149.

(2) ABBOTT, p. 151.

(3) JOURDAN, p. 133.

(4) The Sara : Chambre des Lords, 27 mai 1889 [AUTRAN, V, 254]. En mars 1885, le capitaine Baker du steamer *Sara*, faisait escale à Saint-Vincent, pour du charbon, dans un voyage de La Plata à Anvers et fournissait sur ses armateurs pour ses dépenses et la valeur de ce charbon. Les armateurs ne firent pas honneur à la traite. Sur ces entrefaites, les

Cette décision jeta le trouble dans le monde maritime anglais. On fit valoir les difficultés que rencontreraient les propriétaires de navire; hypothéqués pour trouver des capitaines, si ceux-ci devaient, ou se ruiner personnellement, ou être indéfiniment retenus dans un port étranger, et l'impossibilité où serait le capitaine de trouver des fournisseurs en pays étrangers, même pour un navire non grevé d'hypothèque, puisque toute créance mort-gagiste, fut-elle postérieure à ses dépenses, aurait la préférence sur elles.

Si bien que le jour même de la prononciation de l'arrêt, les avocats provoquèrent, sous la présidence d'un membre du Parlement, la réunion d'armateurs, de négociants, d'agents maritimes, de capitaines, afin d'assurer le vote immédiat d'un Act du Parlement, donnant un maritime lien au capitaine ou à toutes personnes ayant fourni des objets de nécessité pour l'usage du navire, dans un port étranger ou des colonies, pour le montant desquels le capitaine aurait fourni un traité sur ses armateurs (1).

La réforme ne se fit pas attendre, du moins pour le capitaine. Le Merchant Shipping Act de 1889 (section I) (2), reproduit par le Merchant Shipping Act de 1894

---

créanciers hypothécaires prirent possession du navire et renvoyèrent le capitaine. Invités à tenir compte de la lettre de change, ils s'y refusèrent. Les porteurs de la traite poursuivirent le capitaine.

(1) Note de Verville, AUTRAN, V, 254.
(2) ABBOTT, p. 1221. Annexes, p. 187.

(art. 167) lui accorde le même privilège que la jurisprudence lui reconnaissait autrefois (1).

Mais la jurisprudence continue, en présence du silence observé par la loi à leur égard, à appliquer aux fournisseurs de necessaries les principes posés, en 1885, dans le cas du *Henrick-Björn* (2).

II. — *Assiette du privilège.*

Le privilège frappe le navire et s'étend à ses débris (3).

Mais, l'assurance ne subrogeant pas, au privilège, l'indemnité payée au navire sinistré, reste en dehors de son assiette (4).

En droit anglais, c'est là, à la différence du Code français, une règle générale, le privilège porte sur le fret. Il faut voir l'explication de cette règle dans

---

(1) Les débours visés par le Merchant Shipping Act sont ceux imposés par une nécessité impérieuse, que le capitaine a dû exposer, sans pouvoir solliciter l'ordre ou l'autorisation de l'armateur. Ainsi, des approvisionnements de charbons, dans un port voisin du domicile de l'armateur, ne jouissent pas d'un lien sur le navire [Cour Supérieur de Judicature, 15 décembre 1894. AUTRAN, XI, 108]. Le capitaine est privilégié pour ses débours depuis là date de son certificat de capitaine jusqu'à celle de la saisie du navire [Haute-Cour de Justice, 28 novembre 1902. AUTRAN, XVIII, 711].

(2) Les principes posés dans l'arrêt du *Henrick-Björn* sont cependant contestables. Il est, en effet, inexact de prétendre, comme on l'a fait, qu'avant le statut de 1840, les créances pour necessaries ne conféraient jamais de maritime lien : le lien existait lorsque les necessaries étaient fournies en haute mer. JOURDAN, p. 134.

(3) MACLACHLAN, cité par JOURDAN, p. 200, note 2 *in fine*.

(4) HENNEBICQ, p. 405, note 3.

l'origine jurisprudentielle du lien et dans ce fait que la procédure de l'action *in rem*, exercée devant la Cour d'Amirauté, exigeait le versement, dans les mains de cette dernière, tant du produit du navire que du montant du fret. Il était tout naturel que la Cour distribuât ces sommes à ceux auxquels elle accordait un privilège (1).

En ce qui concerne le prêt à la grosse, l'assiette est déterminée uniquement par la convention des parties. Le fret peut faire l'objet d'une affectation séparée et subsidiaire à celle du navire. Le fret grevé est celui gagné par le navire entre la conclusion du contrat et l'exigibilité de la créance.

La cargaison ne peut être donnée en garantie qu'après le navire et le fret.

III. — *Justification de la créance privilégiée.*

Les bénéficiaires d'un maritime lien ne sont assujettis à aucune formalité. Il leur suffit de prouver, par quelque moyen que ce soit, la réalisation des conditions de fond (2).

Seul le prêteur à la grosse doit passer son contrat par écrit.

IV. — *Extinction du privilège.*

Le maritime lien s'éteint par les causes qui, en droit français, entraînent l'extinction des privilèges. Ces causes sont au nombre de quatre :

(1) JOURDAN, p. 201.
(2) JOURDAN, p. 171.

1° L'extinction de la créance par le paiement.

2° La perte du navire.

3° L'acceptation d'une caution ou d'une sûreté équivalant au lien, lorsqu'elle dénote l'intention du créancier de renoncer à ce dernier.

4° La vente du navire judiciairement opérée. Dans ce dernier cas, le lien disparaît seulement comme droit de suite; il survit comme droit de préférence.

Le droit anglais ne connaît pas cette cause d'extinction spéciale que constitue, en France, le voyage entrepris par le navire, postérieurement à la naissance de la créance. L'inconvénient qui résulte, pour le crédit maritime, de ce maintien prolongé des liens est atténué, comme nous le verrons, par la règle adoptée pour le classement des sûretés réelles sur le navire.

Il faut, de plus, tenir compte de ce fait que, s'efforçant de limiter la durée des liens, la Cour d'Amirauté attache la perte du privilège à tout retard déraisonnable du créancier (1). Elle jouit, à cet égard, d'un pouvoir souverain d'appréciation. D'une manière générale, elle a tendance à se montrer plus particulièrement sévère pour le prêteur, en raison des fraudes auxquelles le contrat de grosse peut donner lieu (2).

---

(1) *The Fairport (lien for disbursements)* : ABBOTT, p. 882.
(2) ABBOTT, p. 883. Packard v. Sloop Louisa, Leland v. Ship Medora, Blaine v. Ship Charles Carter. *The effect of these cases is to show that a bottomry bond ought to be enforced within a reasonable time. It is a lien on the vessel only for a reasonable time, and, if not enforced within such time, creditors and other claimants may be entitled to precedence.*

§ 2. — Possessory lien at common law.

Ce droit appartient au fournisseur de necessaries, au charpentier, à l'ouvrier qui ont effectué des réparations au navire (1).

La seule condition mise à son exercice est celle qu'implique son caractère de droit de rétention : la possession du navire.

A défaut de déclaration expresse de la volonté des parties, la réalisation de cette condition s'induit des circonstances de la cause.

Il a été jugé, pour les réparateurs, qu'elle n'était inconciliable, ni avec la présence de préposés du propriétaire, à bord du navire, pendant la durée des travaux, ni avec le fait que le navire, placé en leur nom, était resté, pendant cette période, dans un bassin public (2).

Les juges peuvent être plus ou moins larges dans leur appréciation des faits, mais ils doivent exiger une possession réelle et ils ne sauraient faire droit à la prétention d'un entrepreneur qui, parce qu'il estime-

______

(1) Il y a lieu à un privilège particulier en vertu de l'effet de la loi pour les dépenses raisonnables du créancier quand il a consacré ses travaux et ses soins, sur la demande du débiteur, aux objets qui lui sont confiés. Le privilège ne peut être réclamé par la personne qui a simplement payé le prix des travaux. JENKS, *Digeste de Droit civil anglais* tome Ier, p. 664, art. 1595.

(2) Haute Cour de Justice, 30 octobre 1922 [Tables, Dor. 1923, 543, V° Réparations, n° 5].

rait, par exemple, sa possession trop onéreuse, voudrait tout en conservant son lien, se dessaisir du navire, alors surtout que les parties intéressées à contester cette demande ne seraient pas présentes (1).

Différent du maritime lien, le possessory lien l'est, non seulement par la condition mise à son exercice, mais encore par son contenu. Simple droit de rétention, il ne confère pas au créancier la possibilité de faire vendre le navire.

Du moment que le créancier se dessaisit du navire, il n'a plus aucun droit. Le lien, une fois perdu, par l'abandon volontaire de la possession, même momentané, en faveur du propriétaire, est perdu pour toujours.

L'acceptation d'une sûreté dénote parfois l'intention du créancier de renoncer au lien et entraîne en conséquence l'extinction de ce dernier. Pour la même raison, une convention expresse ou tacite de crédit fait obstacle à sa naissance, réserve faite du cas où le débiteur tombe en faillite et où le navire est en possession du créancier.

§ 3. — Statutory lien.

L'action dite *in rem* n'était, à l'origine, que la mise en œuvre du maritime lien. On peut, à cette époque, poser en règle générale, que « là où un maritime lien existe, une action *in rem* peut être intentée, et que

(1) Haute Cour de Justice, 7 mai 1925 [Dor., 11, 203].

dans tous les cas où une action *in rem* est le mode régulier d'agir, là existe un maritime lien qui donne sur la chose un privilège pouvant être ramené à exécution par une action légale (1) ».

Mais, étroitement liés, à l'origine, l'action *in rem* et le maritime lien devaient, plus tard, subir des variations inversement correspondantes.

Tandis que, pour les causes que nous avons précédemment exposées, le nombre des maritime liens allait en diminuant, l'action *in rem* voyait, au contraire, s'étendre son domaine d'application, au point d'appartenir, dans des cas déterminés, à de simples créanciers dépourvus de privilège (2).

Ces créanciers, ce sont précisément les « necessaries men ».

Il semble être de jurisprudence, dit Abbott (3), qu'un

(1) Sir Jonh Iirwis, membre du Judical Comitte of tch Privy Council, cité par JOURDAN, p. 129.

(2) Il n'y a pas, en Ecosse, d'actions *in rem* (sauf pour les bénéficiaires d'un privilège maritime) ; toutes les actions d'Amirauté sont personnelles. V. *De la saisie conservatoire des navires en Ecosse*, J.-H. JAMESON, H. A., Dor., 6, 41 et s.

(3) ABBOTT, pp. 151-152 : *A necessaries man can arrest a foreign ship by the process of the Admiralty Division, or a british ship to which he has supplied necessaries, elsewhere than in the port to which she belongs, provided no part owner is domiciled in England or wales at the time of action brought or if any ship or her proceeds are already under arrest, the Court may adjudicate on a claim for... equipping or repairing her.*

Whilst, for necessaries supplied abroad, on the order of the master, to a ship whose owners are domiciled in England or Wales, if the master be solvent and indebt to the ship the necessaries man can probably induce him to enforce his maritime lien.

fournisseur, ou celui qui a effectué des réparations, peuvent mettre à la chaîne

un navire étranger

ou un navire anglais, pourvu que les necessaries aient été fournies ailleurs qu'à son port d'attache, et qu'au moment de l'intentement de l'action, le propriétaire ou le copropriétaire ne soient pas domiciliés en Angleterre ou dans le pays de Galles.

Mais les fournisseurs et réparateurs ont pris l'habitude, dans le cas où les propriétaires sont domiciliés en Angleterre ou dans le Pays de Galles de contraindre le capitaine à user à leur profit de son lien for disbursements.

S'il s'agit d'un navire déjà mis à la chaîne, le fournisseur et le réparateur peuvent être admis à se faire payer sur lui.

Il y a donc aujourd'hui deux sortes d'actions *in rem*. La situation du créancier n'est pas la même dans les deux cas.

Intentée par un créancier privilégié pour obtenir « l'enforcement » de son maritime lien, elle peut être exercée, en vertu du droit de suite, contre toute personne, même contre le tiers acquéreur de bonne foi, pour une dette née à la charge du propriétaire antérieur (1).

Il n'en est pas de même du necessaries man qui ne

____

(1) *De la saisie conservatoire des navires en Angleterre et au pays de Galles.* Andw. M. JACKSON, solicitor de la Cour suprême, Hull, Dor., 6, 36 et s.

peut agir contre le navire que pour une dette de celui qui en est propriétaire lors de la saisie.

Voilà une première différence. Il en existe une seconde, en ce qui concerne le droit de préférence.

L'un peut se reporter, pour l'appréciation de ses droits, au jour de la naissance de son lien. L'autre, simple bénéficiaire d'une garantie provisionnelle relativement à l'action qu'il intente (1), ne peut considérer le navire que dans l'état où il se trouve, lors de la saisie, en tenant compte de tous les privilèges qui le grèvent à ce moment.

Mais l'action *in rem* ne présente pas dans les formes de sa procédure la dualité que nous avons rencontrée dans ses sources.

Cependant, pour la commodité de notre exposition, nous n'envisagerons que le cas d'une action intentée par un créancier non privilégié.

La juridiction est exercée par la Cour d'Amirauté suivant les lois de 1840 et 1861. Elle est également exercée par certains tribunaux provinciaux ayant juridiction d'Amirauté suivant les lois de 1868 et 1869 (2).

---

(1) Sans doute, le demandeur agit contre la propriété du défendeur, mais, malgré son nom, l'action *in rem* n'exclut pas l'action *in personam*, car le défendeur peut être condamné au delà de la valeur du navire saisi. JOURDAN, p. 128.

(2) CARVER, *Note sur les privilèges maritimes en Droit anglais*. Bulletin C. M. I. 11, pp. 102 et s. Lorsque le montant de la réclamation dépasse £ 3.000, la poursuite doit être intentée devant la Division d'Amirauté de la Haute Cour de Justice. Les poursuites de moindre importance doivent être commencées devant la juridiction des différentes cours des comtés de la côte anglaise. JACKSON, précité.

La procédure (1) débute par un « writ » analogue à nos exploits d'ajournement. Adressé par le demandeur aux propriétaires du navire contre lesquels il agit, et aux personnes qui ont un intérêt dans cette propriété, il invite les parties à comparaître dans les 8 jours de sa signification, faute de quoi, il serait procédé par défaut à leur encontre.

Le writ est une formalité préalable indispensable à la saisie poursuivie par le demandeur. Celle-ci se fait au moyen d'un « warrant ».

Adressé au « marshall » de la Division des Testaments, Divorces, Amirauté de la Haute Cour de justice et à ses substituts, ou au receveur des Douanes du port du navire, le warrant leur donne l'ordre de saisir (2) et conserver le navire en sûreté qui, sauf caution, demeurera ainsi jusqu'au jugement définitif de l'instance.

Il est alors interdit au navire de quitter les docks; c'est un délit que d'essayer de conduire en mer un navire qui se trouve sous le coup d'une saisie. On ne connaît pour ainsi dire pas de tentatives de passer outre à la saisie, tentatives qui seraient pratiquement vouées à l'échec (3).

---

(1) JOURDAN, pp. 122 et s.
(2) La saisie a lieu non seulement pour le navire, mais aussi pour tout ce qui peut être considéré comme une de ses dépendances : les agrès et apparaux, alors même qu'ils auraient été déposés à terre, le fret, la cargaison qui est à bord, et les marchandises qui ont été descendues à terre.
(3) JACKSON, précité.

Une fois le warrant exécuté, le « solicitor » doit le déposer au bureau de « registry » o» il se l'était fait délivrer et ce, dans les six jours de l'exécution (1).

L'action suit alors son cours.

Supposons que la Cour ait condamné le défendeur, qu'elle ait usé de son droit d'ordonner la vente s'il ne s'exécutait pas dans un certain délai, et que cette condition se soit réalisée. Le navire est vendu. Envisageons sur le prix, qui est à distribuer, la concurrence des divers créanciers qui peuvent se présenter.

§ 4. — Classement des créanciers.

La question est des plus complexes, parce que plusieurs catégories de créanciers peuvent se présenter,

---

(1) JACKSON, précité. C'est seulement dans 15 % des cas portés devant la Cour d'Amirauté qu'une saisie a effectivement lieu, lorsque le temps presse, ou que l'on craint que les armateurs ne soient insolvables. Cette saisie est remplacée, en général, par l'engagement du solicitor de fournir caution ; le solicitor, étant un fonctionnaire judiciaire, est obligé de remplir son engagement, et bien entendu, doit se garantir lui-même s'il a le moindre doute sur la solvabilité de ses clients. Lorsqu'il s'agit de lignes de navigation connues, il arrive que les armateurs tiennent à ce que leurs navires ne soient pas saisis sous un prétexte quelconque. Ils doivent pour cela faire enregistrer un Caveat sur le Registre de la Division d'Amirauté. Cette déclaration est un engagement de l'armateur ou de son solicitor de comparaître et fournir caution dans toute poursuite engagée contre les navires désignés dans ce Caveat.

Le solicitor qui voudra engager une action contre un navire devra consulter le Caveat warrant Book, et s'il s'agit d'un navire pour lequel un Caveat a été enregistré, il signifiera la copie de l'assignation à la partie ou à son solicitor et demandera caution.

et qu'à la différence du droit français, qui a adopté un classement précis, nettement déterminé des privilèges, les décisions de la Cour d'Amirauté tendent assez à décider équitablement entre les ayants droit (1).

I. Les maritime liens et les possessory liens ont la priorité sur les mort-gages.

Le créancier hypothécaire a laissé le propriétaire en possession. Son droit de vendre ne peut être exercé qu'en respectant les privilèges qui sont venus grever le navire (2).

II. Outre le maritime lien du capitaine pour ses débours et celui du prêteur à la grosse, le droit anglais connaît trois autres liens. Ce sont :

> le lien pour indemnités dues au cas d'abordage;
> celui du créancier pour sauvetage;
> celui de l'équipage pour ses gages.

Dans le cas de collision et pour des raisons d'ordre public, le lien d'abordage a la priorité sur les autres créanciers qui n'ont plus qu'un recours personnel contre le propriétaire du navire fautif (3).

Mais il faut excepter le cas où un emprunt à la grosse aurait été contracté, après l'accident, pour permettre au navire d'atteindre le port où il sera réalisé. Dans cette hypothèse, en effet, il faudrait donner la

---

(1) Phillimore, dans son *Memorandum as to priorites of maritime lien,* cité par JOURDAN, p. 209.
(2) CARVER, p. 105.
(3) HENNEBICQ, p. 412.

préférence au prêteur, conformément au principe de la priorité des derniers services rendus.

Pour les autres liens, qui reposent, en somme, sur l'idée de conservation, le droit anglais ne pouvait que s'attacher à leur ordre conservatoire, c'est-à-dire chronologique renversé. Les bénéficiaires de ces privilèges ont donc la priorité les uns sur les autres, en sens inverse de l'ordre de date de leurs droits respectifs. Il est tout naturel que les droits pour services, dont est résultée la conservation du navire, passent avant les charges qui grevaient ce navire antérieurement. Le bénéficiaire d'un privilège doit se persuader de cette idée qu'il ne le possède que sous réserve des vicissitudes du voyage, lequel peut donner lieu à de nouveaux privilèges. Le privilège est une charge grevant un navire en cours de voyage, et non pas un navire en sûreté (1).

L'ordre adopté est le suivant :

> 1° lien pour sauvetage
> 2° lien des gages de l'équipage;
> 3° lien des débours du capitaine;
> 4° lien du prêteur à la grosse.

Entre prêts à la grosse, le plus récent est toujours préféré, alors même que les prêts auraient été contractés pendant le même voyage, dans le même port.

III. En droit français, l'existence d'un privilège de droit maritime ne fait pas obstacle à ce qu'un créan-

____

(1) CARVER, p. 104.

cier se prévale du privilège correspondant consacré par le droit commun. Mais nous avons vu, qu'eu égard au rang qui lui était assigné, il ne lui était pas indifférent d'invoquer l'un ou l'autre de ces privilèges.

En droit anglais, la question ne se présente pas de la même manière.

Le possessory lien et le maritime lien dont il s'agit de régler le concours sont invoqués par deux créanciers différents : par un réparateur, par un capitaine pour ses débours, par exemple.

— Les possessory liens priment les maritime liens qui sont nés postérieurement; mais ils sont subordonnés, en règle générale, aux privilèges maritimes existant lorsque la possession est acquise.

Cependant, s'il s'agit du lien d'un réparateur, les liens maritimes antérieurs se bornent, quant à leur assiette, au navire dans l'état où le réparateur l'a reçu. En ce qui concerne la somme dont la valeur du navire a été augmentée, le possessory lien a le pas sur les privilèges maritimes antérieurs.

Il convient, en second lieu, d'ajouter que le possessory lien prime, dans tous les cas, le lien du prêteur à la grosse sur la cargaison.

IV. Le statutory lien n'est un lien que nom (1). La garantie qu'il confère à son titulaire n'entame pas les droits acquis antérieurement à la saisie, soit aux bénéficiaires d'un maritime lien, soit à ceux d'un possessory lien.

____

(1) HENNEBICQ, p. 412.

V. Mais supposons que plusieurs actions *in rem* aient été intentées et que le produit du navire soit insuffisant pour répondre de toutes ces actions. La solution adoptée est celle qui résout en France le conflit de créanciers simplement chirographaires : le tribunal ordonne de répartir le produit au prorata, sans tenir compte de l'ordre dans lequel les actions ont été introduites (1).

(1) CARVER, p. 106.

CHAPITRE II

Les Codes belge et grec qui, à l'origine, étaient plus ou moins la reproduction du Code français, ont été modifiés par des lois récentes, inspirées des résolutions adoptées par la Conférence internationale tenue en 1907, à Venise, pour l'unification des hypothèques et des privilèges maritimes, si bien qu'en ce qui concerne l'objet de notre étude, ils se séparent, aujourd'hui, complètement de notre législation.

Section I. — *Le droit belge.*

§ 1er. — **La loi du 21 aout 1879** (1).

Aux termes de l'art. 4 de la loi de 1879, « sont privi-« légiées, dans l'ordre où elles sont rangées, les cré-« ances ci-après désignées :

« 5° les frais d'entretien du bâtiment et de ses agrès « et apparaux depuis son entrée dans le port.

« 8° les sommes prêtées au capitaine pour les

(1) Livre II, C. Com., titre I. V. Jacobs, *Droit maritime belge*, tome Ier, p. 42 et s.

« besoins du bâtiment pendant le dernier voyage, et
« le remboursement du prix des marchandises par lui
« vendues pour le même objet.

« 9° les sommes dues aux créanciers pour fournitures, travaux, main-d'œuvre pour radoub, victuailles,
armement et équipement, avant le départ du navire
s'il a déjà navigué.»

Ces dispositions correspondent à l'art. 191 al. 5, 7, 8
du Code de commerce français.

Un privilège s'attachait, d'autre part, à l'origine, au
prêt à la grosse consenti, avant le départ ou en cours
de voyage, au propriétaire ou au capitaine.

La loi de 1879 a, dans l'intérêt de l'hypothèque
maritime, supprimé le privilège, lorsque l'emprunt à
la grosse est contracté avant le départ, ou par le propriétaire en cours de voyage. Le prêteur avait, en
effet, dans le premier cas, la faculté de se faire donner
une hypothèque; l'armateur pouvait, dans le second,
annihiler l'hypothèque en contractant des emprunts
qui ne dépendaient que de sa seule volonté. Seul a été
maintenu le privilège attaché au prêt à la grosse
consenti au capitaine en cours de voyage, sur le navire,
le fret, ou le chargement, pour subvenir à des dépenses
de réparations ou à d'autres besoins extraordinaires
du navire ou de la cargaison (1).

Les créances visées par l'art. 4 al. 8 ne sont privilégiées que si elles se rapportent au dernier voyage.

Le privilège porte sur le navire, et, en cas de perte

(1) Bruxelles, 21 décembre 1887 [AUTRAN, III, 260]. Art. 156
[JACOBS, tome I, pp. 62-67]. Annexes, p. 190.

ou d'innavigabilité du bâtiment, sur les choses sauvées ou leur produit, alors même que la créance ne serait pas encore due (1).

Il n'affecte, par contre, ni le fret, ni l'indemnité d'assurance (2).

L'art. 157 détermine l'assiette du privilège du prêteur à la grosse (3).

Le privilège accordé aux créances énoncées dans l'art. 4 ne peut être exercé qu'autant qu'elles ont été justifiées dans les formes suivantes :

« Art. 5, al. 3 : Les créances désignées sous le n° 5 « de l'art. 4 seront constatées par des états arrêtés par « le Président du tribunal de commerce.

« ...al. 5 : Les sommes prêtées et la valeur des mar- « chandises vendues pour les besoins du navire pen- « dant le dernier voyage par des états arrêtés par le « capitaine et les principaux de l'équipage constatant « la nécessité des emprunts.

« ... al. 6 : Les fournitures pour armement, équipe- « ment, victuailles du navire seront constatées par « des mémoires, factures ou états visés par le capi- « taine, arrêtés par l'armateur dont un double sera « déposé au greffe du tribunal de commerce, avant

(1) On étend au profit du créancier privilégié la disposition de l'art. 149 relatif au créancier hypothécaire car le privilège est indivisible comme l'hypothèque.

(2) L'art. 149, al. 2, qui permet au créancier hypothécaire d'exercer ses droits sur l'indemnité d'assurance est inapplicable au créancier privilégié. Annexes, p. 190.

(3) Jacobs, tome II, p. 72. Annexes, p. 190.

« le départ du navire, ou, au plus tard, dans les
« 10 jours après son départ.»

La loi de 1879 a supprimé pour le contrat de grosse
la nécessité d'un écrit.

Le prêteur à la grosse, sur corps, en vue des besoins
du bâtiment, est assujetti aux formalités de l'art. 5
al. 5; cette disposition est inapplicable au privilège
sur le fret et le chargement (1).

Le créancier déchu de son privilège maritime peut
invoquer le privilège des frais de conservation du
droit commun. Ses dépenses prendront rang, conformément au principe *erunt primi novissimi* entre les
créances qu'elles ont conservées et celles qui les auront
conservées (2).

La loi française du 10 décembre 1874 avait éprouvé
le besoin de rappeler que les créanciers hypothécaires
sur le navire ne devaient venir qu'après les créanciers
privilégiés.

Le législateur belge s'est simplement tenu à la défi-
nition même du privilège, donnée par la loi civile. Un
texte nouveau était inutile. Par cela même qu'on crée
des créances privilégiées et des créances hypothécaires, on déclare implicitement que la créance privilégiée, quelle que soit sa source, prendra rang avant
la créance hypothécaire. C'est précisément cette préférence absolue sur toute créance, même hypothécaire, qui fait qu'elle est une créance privilégiée (3).

(1) JACOBS, tome II, p. 70.
(2) JACOBS, tome Ier, p. 60.
(3) M. de Lantsheere, ministre de la Justice, à la séance de
la Chambre du 6 février 1877, cité par JACOBS, tome Ier, p. 58.

Les créances de l'art. 4 sont privilégiées dans l'ordre même de leur énumération, ordre fixé *ne varietur*, basé sur cette présomption que les créances les plus récentes ont conservé celles qui leur sont antérieures.

L'extinction de la créance, la perte du navire entraînent l'extinction du privilège.

Les créanciers ayant privilège sur le navire le suivent en quelques mains qu'il passe, pour être colloqués et payés suivant l'ordre de leurs créances (art. 3).

Ce droit de suite disparaît dans le cas de vente judiciaire du navire et dans celui de vente volontaire intervenue dans les conditions de l'art. 6. Mais le droit de préférence subsiste sur le prix non payé ou non distribué (1).

§ 2. — La loi du 10 février 1908 (2).

L'hypothèque maritime, primée sous l'empire de la loi de 1879, par 15 chefs de privilèges occultes, n'était pour son titulaire qu'une garantie illusoire.

Frappé de l'immense développement de la marine et de la valeur considérable des bâtiments, le législateur a voulu réorganiser le Crédit Maritime, de façon à permettre aux armateurs d'emprunter avec facilité, et au taux le plus réduit, les capitaux nécessaires à

____

(1) JACOBS, tome Ier, p. 67.
(2) C. Com., livre II, titre Ier. SMEESTERS, *Droit maritime et droit fluvial*, tome Ier, pp. 41 et s.

leurs entreprises (1). Pour y parvenir, il a songé à réduire le nombre des privilèges.

Les privilèges de l'art. 4 al. 8-9, celui attaché au prêt à la grosse contracté sur le navire et le fret par le capitaine, en cours de voyage, n'ont pas résisté à cet assaut. Leurs anciens titulaires n'auront que la ressource de s'assurer une garantie conventionnelle, en contractant une hypothèque. L'inscription de cette hypothèque pourra, d'ailleurs, être opérée par le conservateur des hypothèques d'Anvers, sur le vu d'un télégramme contenant les indications exigées par la loi (art. 13-15 loi 1908) (2).

La loi du 10 février 1908, reproduction presque textuelle des résolutions adoptées par la Conférence de Venise, ne maintient que 5 groupes de privilèges.

Sont seuls privilégiés :

« ART. 23. — 1° Les frais de justice faits dans l'inté-
« rêt commun des créanciers, les taxes et impôts
« publics, les frais de garde et de conservation du
« bâtiment depuis l'entrée dans le port jusqu'à la
« vente.

« 2° Les gages du capitaine et de l'équipage.

« 3° Les frais et indemnités dus pour sauvetage et
« assistance.

« 4° Les dommages-intérêts dus pour cause d'abor-
« dage...

____

(1) Rapport présenté à la Conférence de Venise, en 1907, par l'Association belge pour l'unification du Droit maritime. Bulletin C. M. I. 16, pp. 10 et s.
(2) SMEESTERS, tome Ier, p. 37.

« ART. 179. — Le prêt à la grosse contracté sur le
« chargement par le capitaine en cours de voyage,
« pour subvenir à des dépenses de réparations ou
« autres besoins extraordinaires du navire ou de la
« cargaison. » (1)

Le privilège s'étend au navire et au fret (2) gagné
lors du voyage pendant lequel est née la créance privilégiés (art. 23).

Le fret grevé est celui revenant au propriétaire et
non le sous-fret dû à l'affréteur total (3). Son quantum
est donc, en général, déterminé par la charte-partie.

Si on suppose que les marchandises aient été simplement mises à bord du navire en vertu d'un connaissement, le montant du fret sera révélé par ce
connaissement.

Il le sera enfin, par tous moyens de preuve dans le
cas où la formule « prepaid » aura été incluse dans
le connaissement.

En ce qui concerne la justification des frais de conservation visés par l'art. 23 al. 1, tous les modes de
preuve du droit commun sont désormais admis.

D'après M. Smeesters, le prêt à la grosse doit, pour
être privilégié, être autorisé, en Belgique, par le tribunal de commerce ou à défaut par le juge de paix, à
l'étranger, par le consul, le vice-consul, ou à défaut
par le magistrat du lieu (4).

(1) SMEESTERS, tome II, pp. 319-321.
(2) V. art. 3, avant-projet de Venise. Annexes, p. 201.
SMEESTERS, tome Iᵉʳ, p. 54.
(3) SMEESTERS, tome Iᵉʳ, p. 55.
(4) SMEESTERS, tome II, p. 327.

L'expression « sont *seuls* privilégiés...» dont s'est servi le législateur dans l'art. 23, montre clairement que, depuis 1908, le créancier déchu du privilège maritime, ne peut invoquer le privilège du droit civil.

Admettre le classement avant l'hypothèque des privilèges du droit commun eût été, en effet, compromettre la valeur de l'hypothèque, et les classer après l'hypothèque était une idée étrangère aux conceptions juridiques, à laquelle on ne pouvait se rallier (1).

Telles sont, rapidement indiquées, les modifications apportées, relativement à l'objet de notre étude par la loi de 1908.

Section II. — *Le droit grec.*

Issu d'un projet de loi inspiré de la loi belge de 1908, voté, en raison d'événements politiques, à la hâte et sans aucune modification, le nouveau Code maritime grec a été promulgué le 24 avril 1910.

Les articles 14 à 17 du Livre II ne sont que la reproduction de l'art. 23 du Code belge (2).

Appendice : Le nouveau Code néerlandais.

Le Code néerlandais de 1838, inspiré du Code de commerce français, a été remanié par une loi récente (V. Annexes pp. 192-194).

(1) Ripert, Dor., 13, p. 275.
(2) Rovolopoulos, *Le nouveau Code maritime grec de 1910.* [Autran, XXV, 840].

Le législateur de 1924 s'est, dans l'intérêt de l'hypothèque maritime, rallié à un système dont le moins qu'on puisse dire est qu'il est d'une complexité décevante.

L'art. 318 c énumère quatre catégories de créances privilégiées.

Primées par ces créances, les créances hypothécaires priment, en revanche, celles de l'art. 318 q, c'est-à-dire les créances concernant le navire ou son exploitation.

Il y a donc maintenant deux sortes de privilèges : les uns préférables à l'hypothèque, les autres primés par elle. C'est là une conception nouvelle.

L'art. 318 c décide, enfin, que le privilège des frais de conservation de l'art. 1185 C. civ. est inapplicable aux navires.

L'avenir nous renseignera sur la valeur pratique de cette réglementation.

CHAPITRE III

Les conflits de lois.

L'exposé — forcément incomplet — auquel nous
venons de nous livrer, a tout au moins montré la
diversité, l'opposition des législations et la possibilité
« théorique » de conflits de lois. Mais les faits confir-
ment ce que le raisonnement établit, et permettent
d'affirmer, sans trop d'exagération, que le conflit de
lois trouve, dans la matière qui nous occupe, son
terrain d'élection.

Peu de créances présentent un caractère international aussi accentué que celles des fournisseurs et
réparateurs. Le navire, en naviguant dans des eaux
étrangères, groupe, en effet, au fur et à mesure de
ses besoins, une foule de personnes, de nationalités
variées, telles que prêteurs, fournisseurs, réparateurs,
chargeurs... Qu'un de ces intéressés, pour faire valoir
ses droits, poursuive le navire, et la question se
posera, pour le juge du lieu de la saisie, français ou
étranger — car, de même que les bâtiments étrangers
peuvent être vendus en France, de même, nos navires
peuvent être vendus à l'étranger — de déterminer

celle des lois en présence, lois nationales des créanciers, loi du pavillon, *lex fori*... qui, en définitive, aura la préférence.

Sans entreprendre ici une étude détaillée des conflits de lois, il convient cependant de présenter un aperçu des difficultés qui peuvent surgir, des arguments invoqués par la jurisprudence à l'appui des solutions qu'elle leur donne.

La vente en justice d'un navire saisi après une navigation internationale soulève deux problèmes :

I. Quelle est la valeur des privilèges nés dans le pays dont relève le tribunal saisi ?

II. Quelle est celle des privilèges nés à l'étranger.

I. — Un navire belge a fait relâche en France pour avaries, à la suite d'accidents de mer, et il est saisi à la requête d'un réparateur français. Faut-il faire droit à la prétention de ce créancier qui invoque un privilège que consacre la loi du juge, que ne reconnaît pas celle du pavillon ?

Un prêt à la grosse est consenti en France, au profit d'un navire grec, par un prêteur français. Peut-il, ce créancier, se prévaloir du privilège que la loi grecque attache à sa créance mais que sa propre loi nationale vient de supprimer ? (1)

II. — Un navire belge est saisi en Angleterre à la requête d'un créancier mort-gagiste. Un conflit s'élève entre ce créancier et un fournisseur français. Admis

____

(1) C'est là une situation qui a pu se présenter entre la promulgation des lois françaises de 1874-1885 et celle de la loi grecque de 1910.

par la loi française, le privilège du fournisseur est repoussé à la fois par la loi du juge et celle du pavillon.

Un navire français contracte à l'étranger des dettes identiques à celles visées par l'art. 191. Les art. 191, 192 C. com., applicables aux navires français en France, les suivent-ils en tous pays ?

On distribue en France le prix d'un navire étranger. Quelle loi dira si les droits acquis à l'étranger l'ont été valablement ? A quelles formalités sera subordonné le privilège du créancier : à celles de la loi du juge, du pavillon, du lieu de naissance de sa créance ?

Un navire allemand qui avait fait escale en Angleterre pour du charbon est saisi en France. En Allemagne et en Angleterre, le fournisseur n'est assujetti à d'autres justifications qu'à celles du droit commun. En France, pour être privilégié, il doit se conformer aux formalités de l'art. 192 al. 5; quelle sanction attacher à leur inobservation ?

A ces questions qui se sont posées devant elle, la jurisprudence, en France, comme à l'étranger, a généralement répondu par la *lex fori* (1).

____

(1) *a*) Anvers, 30 juillet 1887 [Anvers, 87, 378] refuse d'admettre le privilège du prêt à la grosse consenti en Angleterre à un navire anglais, parce que les tribunaux ne peuvent admettre en Belgique d'autres privilèges que ceux que la loi de ce pays autorise.

Tribunal Supérieur hanséatique, 26 avril 1894 [AUTRAN, X, 269] : Les navires étant, d'après leur nature, des meubles, doivent être régis par le droit de la nation sur le territoire de laquelle ils se trouvent ; en conséquence, c'est le droit allemand qui doit déterminer, dans le cas de vente, par autorité de justice, d'un navire anglais, saisi dans un port alle-

La tentation était grande, en effet, pour le juge, d'appliquer sa loi nationale, qu'il connaît, et qui, pour les créanciers locaux est souvent plus avantageuse que les lois étrangères.

La jurisprudence justifie ses décisions par les considérations suivantes.

Le navire est un meuble. C'est un principe du Droit International Privé que les meubles, considérés individuellement, sont soumis à la loi du pays de leur situation. La *lex fori* est, pour le navire, l'équivalent de la *lex rei sitæ* pour les meubles.

mand, quels sont les droits sur le navire et le fret qui ont pris naissance depuis l'entrée du navire dans le territoire national. Le prêt consenti au capitaine pour achat de charbon confère au créancier, d'après le droit allemand, un droit de gage sur le navire et le fret. Les droits nés à l'étranger seront respectés en Allemagne, s'ils sont admis d'après la loi allemande. Mais ils peuvent être éteints, après l'entrée dans le territoire allemand, par des faits d'extinction prévus par la loi allemande.

b) Haute-Cour de Justice, 28 novembre 1902 [AUTRAN, XVIII, 711]. La *lex fori* doit être appliquée pour déterminer l'étendue du privilège grevant un navire étranger. Le capitaine d'un navire argentin est, conformément à la loi anglaise, privilégié, pour ses gages et débours, depuis la date de son certificat de capitaine jusqu'à celle de la saisie.

c) Tribunal de l'Empire, 25 novembre 1890 [AUTRAN, VIII, 584 ; CLUNET, 1892, 1043]. Le classement des privilèges sur le navire doit se faire d'après la loi du lieu de l'exécution, même dans le cas où les privilèges en concours sont fondés sur la même loi étrangère.

Tribunal Supérieur hanséatique précité : La loi allemande détermine la façon dont les divers droits, nés en Allemagne ou en territoire étranger, doivent être classés. Les droits de priorité invoqués n'acquièrent, comme tels, valeur pratique qu'à partir du moment où ils entrent en concurrence. Ils se présentent comme droits sur la masse à partager et ils doivent, par conséquent, être régis d'après les lois du lieu qui régissent

C'est là un raisonnement qu'il convient d'infirmer.

Pourquoi faire, en effet, de l'application de la loi territoriale un principe intangible, alors que cette règle, relativement récente — longtemps a prévalu pour les meubles, la vieille formule : *mobilia sequuntur personam* — n'est écrite nulle part, et que les raisons qui la justifient pour les meubles, en général, ne se retrouvent pas pour le navire (1).

Les meubles sont destinés à être vendus; ils ne sont reliés à leur propriétaire par aucun signe extérieur. La *lex rei sitæ* est la seule loi qui tienne compte de leur nature, et qui, parce qu'elle est clairement connue et qu'elle présente un caractère suffisant de certitude, donne toute garantie aux tiers.

Le navire, au contraire, n'est pas destiné à être vendu. Il a, en dépit de son extrême mobilité, une

ladite masse. Les droits nés à l'étranger peuvent s'effacer devant des droits nés sous l'empire de la loi allemande auxquels cette loi allemande donne la préférence.

Cour d'appel, 12 février 1923 [Tables Dor., 1923, 522]. Le droit de préférence est un privilège qui dépend de la loi du lieu des biens et où siège la Cour qui doit statuer sur la cause. L'ordre de préférence à observer entre créanciers hypothécaires et privilégiés, dans la distribution du prix de vente d'un navire français, vendu par autorité de justice, est régi par la loi anglaise (*lex fori*). En conséquence, c'est à bon droit qu'une créance garantie par une hypothèque, constituée conformément à la loi française, est (contrairement à l'ordre établi par l'art. 191 *in fine*, C. Com. français) préférée à la créance du prix des réparations faites au navire, si d'ailleurs le titulaire de cette dernière créance ne peut invoquer un *possessory lien*. Cette préférence se justifie par une assimilation entre les caractères de l'hypothèque maritime française et ceux du maritime lien.

(1) L'art. 3, al. 2, C. Civ., ne vise que les immeubles.

S. CARRUS   9

assiette fixe, le port d'attache, et une individualité marquée : un nom, un état civil.

La *lex rei sitæ* pour le navire, c'est le triomphe de l'insécurité, du hasard, de l'iniquité et de la mauvaise foi (1).

Tel créancier privilégié qui, au jour de la naissance de sa créance, connaît la mesure de ses droits, est exposé, par suite des hasards de la navigation et de la saisie du navire à l'étranger, à voir ses droits périr ou subir des modifications.

Bien plus, il doit compter avec l'habileté possible d'un capitaine, d'un armateur ou d'un tiers qui pourront, par exemple, faire choix de tel port pour y conduire, faire saisir et vendre le navire au moment opportun de placer la liquidation de son prix sous le régime d'une loi choisie à l'avance comme plus favorable à une situation particulière.

Hasard et calcul, ces deux éléments doivent disparaître des préoccupations des créanciers privilégiés du navire (2).

Ecartée en tant que statut réel mobilier, la *lex fori* reparaît parfois sous des considérations d'ordre public :

(1) L'application de la *lex fori* aux navires étrangers par la jurisprudence des pays qui, comme la France, admettent le cumul des privilèges de la loi maritime et de ceux de la loi civile a encore pour inconvénient de causer l'accumulation des privilèges sur le navire. Note Ripert relative à l'arrêt Civ., 3 novembre 1925 [Dor., 13, 272 et s.].

(2) LEFEBVRE, *Des conflits de lois en matière de propriété de navires, d'hypothèques et autres droits réels* : AUTRAN, **XX**, 796 et s.

Issus de considérations supérieures d'équité ou d'utilité, les privilèges sont des créations arbitraires du législateur. Ils ne peuvent dépasser le territoire dans les limites duquel s'exerce la souveraineté de ce législateur. Le juge d'un pays n'a donc pas à respecter, pour les navires étrangers, les privilèges nés en conformité des lois étrangères. Il doit leur appliquer les privilèges de sa loi nationale qui, en vertu de sa territorialité, gouverne tous les biens qui se trouvent sur le territoire. La solution contraire aurait, dit-on, pour effet de compromettre l'ordre public du lieu de la saisie en introduisant, dans la distribution des deniers, des privilèges, inconnus à ce lieu, qui se combineraient difficilement avec les droits des créanciers nationaux.

Mais si, vraiment, les privilèges ne peuvent dépasser le territoire dans les limites duquel s'exerce la souveraineté du législateur qui les a créés, pourquoi le juge applique-t-il sa loi nationale aux privilèges nés à l'étranger sur les navires nationaux ? Traiter différemment les navires nationaux et les navires étrangers est un manquement à la logique et à la justice.

Etendue à la détermination des formalités que doit remplir le créancier privilégié, la *lex fori*, outre les iniquités qu'elle entraîne (1), soulève deux objections.

____

(1) Le créancier, qui ne connaît pas à l'avance le port dans lequel le navire sera saisi, court néanmoins le risque de perdre son privilège, faute des justifications imposées par la *lex fori*. Marseille, 3 mars 1870, Aix, 9 décembre 1870 [D., 1874, 2, 176]. Le créancier italien, qui réclame le bénéfice d'un privilège établi par la loi française, doit prouver l'accomplissement des formalités exigées par cette loi. Spécialement, le

Soumettre le privilège aux formalités imposées par la loi du lieu de la saisie, c'est subordonner son admission, postérieurement à sa formation, à la réalisation de certaines conditions; c'est méconnaître le principe que les conditions d'existence d'un droit doivent être réunies au moment même de sa naissance.

Il importe, d'autre part, de remarquer qu'il ne s'agit pas d'une production de preuves, mais d'une preuve liée à la forme de l'acte (1).

Mais si, pour les raisons que nous venons d'énumérer, la *lex fori* doit être résolument écartée, à quelle loi convient-il de se référer pour déterminer l'existence, l'étendue, le classement, la justification des privilèges ?

Quelques décisions de jurisprudence (2), la majorité

---

privilège accordé au prêteur qui a fourni les fonds pour les besoins du navire pendant le dernier voyage, ne peut être exercé que si les formalités de l'art. 192, al. 5, ont été observées, et cela alors même que ledit emprunt aurait été contracté en Italie, pour un navire autrichien et par un capitaine ignorant la loi française.

(1) RIPERT, *op. cit.*, tome II, p. 117.

(2) *a*) Rouen, 7 mai 1888 [AUTRAN, IV, 248]. Les articles 27 de la loi du 10 décembre 1874 et 39 de la loi du 10 juillet 1885, qui ont abrogé le privilège inhérent au contrat à la grosse, contracté avant le départ, ne sont applicables qu'aux navires français et non aux navires étrangers.

Bordeaux, 1er avril 1889 [S., 91, 2, 103]. Il s'agissait d'un prêt à la grosse contracté à Buenos-Ayres par un navire anglais. La Cour de Bordeaux admet en 1889 le privilège du prêteur à la grosse, alors que celui-ci a été abrogé en France en 1874.

b) Havre, 13 février 1904 [AUTRAN, XIX, 854]. La loi applicable en matière de privilèges sur les navires est la loi du pavillon. Le Code de Commerce portugais ne contenant

de la Doctrine (1), l'Institut de Droit International, dans sa session de Bruxelles de 1885 (2), le Congrès International du Droit commercial tenu en Belgique en 1888, se sont ralliés au seul statut logiquement et pratiquement applicable au navire, la loi de son pavillon. Comme les immeubles, le navire a une assiette fixe, le port d'attache où il est censé résider. La loi du pavillon est pour lui l'équivalent de la *lex rei sitæ* pour les immeubles.

Comme les personnes, il a une nationalité. On s'est habitué à le considérer comme une sorte de portion flottante ou de prolongement du territoire du pays auquel il appartient.

L'idée devait donc venir naturellement à l'esprit de le soumettre à sa loi nationale.

Envisagée du point de vue pratique, la loi du

---

aucune disposition analogue à celle de l'art. 214 C. Com. français, les intérêts des sommes privilégiées ne sont eux-mêmes privilégiés qu'à partir du jour de la demande en collocation.

(1) Notre regretté Maître M. Pillet professait une opinion contraire. D'après ce savant auteur, il faudrait, pour la détermination des créances privilégiées, recourir à la *lex loci contractus,* pour le classement des privilèges, à l'ordre de leurs dates de naissance, pour leur publicité, à la loi du pavillon. V. *Traité pratique de Droit international privé,* tome I⁰ʳ, pp. 746 et s.

(2) Annuaire de l'Institut de Droit international [8, 124]. Session de Bruxelles, séances des 10-11 septembre 1885. Projet de règlement international des conflits de lois en matière maritime. La loi du pavillon doit servir à déterminer : ...5° quelles sont les créances garanties par un privilège maritime ; 6° quels sont les rangs des privilèges sur le navire.

pavillon échappe aux objections formulées contre la *lex fori.*

Immuable, déterminée à l'avance, clairement connaissable, elle sauvegarde le crédit des tiers. Le créancier privilégié connaîtra d'avance la loi d'après laquelle il sera jugé. Le prêteur qui remet des fonds au capitaine, le fournisseur qui lui livre des denrées, sauront qu'ils acceptent la loi du pavillon du navire comme mesure de leurs droits (1).

Passant du principe à l'application, il convient maintenant de se demander quel doit être le champ d'action de la loi du pavillon. C'est elle qui dira si le créancier, qui invoque un privilège, y a droit ou non. Le navire ne sera grevé que des privilèges consacrés par sa loi nationale. Régulièrement acquis, ils seront internationalement respectés. Peu importe, à l'inverse, que les privilèges dont se prévalent les créanciers leur soient conférés par la loi du lieu de naissance de leurs créances ou par celle du juge s'ils leur sont déniés par celle du pavillon.

Pour la détermination de l'étendue du privilège, de ses effets, de ses causes d'extinction, on ne voit pas quelle loi pourrait faire échec à la toute puissance de la loi du pavillon.

La justification de la créance privilégiée, parce qu'elle touche au domaine de la forme extérieure des actes, semble vouée, au contraire, à l'emprise de la

____

(1) JACOBS, tome Iᵉʳ, p. 25.

règle *locus regit actum* (1). L'hésitation paraît donc sur ce point permise entre la loi du pavillon et la *lex loci contractus*.

Si la loi du pavillon (2) répond au but social du législateur qui, en subordonnant le privilège à une justification exorbitante du droit commun, a voulu assurer la protection de l'ensemble des ayants droit sur le navire, elle donne lieu, dans la pratique, à plus d'une objection.

Les garanties que ses formalités ont pour but d'assurer sont apparues en réalité plus illusoires que réelles.

D'autre part, son application dans un port étranger au navire est parfois impossible, injuste, si la déchéance du privilège s'attache à son inobservation, tou-

(1) Tribunal Supérieur hanséatique précité : Pour faire valoir en Allemagne un droit de gage dûment acquis en Angleterre, il suffit que les formalités exigées par la loi anglaise aient été accomplies.

(2) Havre, 13 février 1904, précité : La loi applicable en matière de privilèges sur les navires est la loi du pavillon. Le Code de Commerce portugais n'exige pour l'existence des privilèges sur le navire aucune formalité analogue à celles de l'art 192 C. Com. français. En conséquence, les créances déclarées privilégiées par l'art. 578 doivent être admises comme telles, dès que leur existence est prouvée, et tous les moyens de preuve sont autorisés. Rouen, 10 mai 1905, confirmant Havre, 13 février 1904, précité [AUTRAN, XXI, 293] : La loi du pavillon applicable en matière de privilèges sur les navires régit la preuve de la créance privilégiée. On ne saurait admettre la prétention de soumettre cette preuve aux prescriptions d'une loi différente, notamment de celle du lieu où a été contractée la dette. Le droit au privilège étant reconnu par la loi portugaise eu égard à la nature de la créance, les conditions d'admission de ce principe et particu-

jours incommode pour le créancier local qui ignore la plupart du temps les prescriptions qu'elle exige. Elle risque donc d'entraver la rapidité et la simplicité indispensables au commerce moderne.

Au contraire, la *lex loci contractus,* en quelque sorte commune au capitaine et au créancier privilégié, présente des avantages de commodité évidents. Le créancier, qui est en général du pays, connaît la loi locale. Quant au capitaine, il lui est facile de se renseigner sur cette législation auprès du consul national, intermédiaire naturel entre ses compatriotes et le droit du pays où il exerce ses fonctions.

La loi du pavillon devra donc être astreinte dans ses applications internationales aux conséquences directes et littérales de ses termes mêmes. Son silence

lièrement le mode de preuve de la créance sont régis par la même loi.

Rouen, 21 juin 1909 [AUTRAN, XXV, 200]. La règle *locus regit actum* régit la forme et la force probante des actes, mais non les sûretés réelles dont ces actes peuvent, de par la loi, être assortis. En matière maritime, la loi applicable aux privilèges est la loi du pavillon. L'étranger, sujet anglais, fournisseur de charbons, en territoire anglais, à un navire français, ne peut donc être admis en France sur le prix de vente du navire en qualité de créancier privilégié de l'art. 191, al. 7, si les formalités de l'art. 192, al. 5, n'ont pas été observées.

Mais, ajoute la Cour de Rouen : « Si cette application de la loi du pavillon aux créances nées à l'étranger n'était pas admise, ces créances devraient tout au moins rester soumises à la *lex rei sitœ,* les navires ne cessant pas d'être des meubles ». La loi du pavillon n'a peut être été, dans cette espèce, pour la Cour de Rouen, qu'un prétexte à l'application de la *lex fori.*

devra être apprécié dans le sens le plus large et le plus hospitalier (1).

La preuve des créances privilégiées se fera en principe suivant les formes prescrites par la loi du pavillon. L'application facultative et parallèle de la loi locale (2) sera admise toutes les fois qu'elle présentera les avantages d'une facilité plus grande de preuve et qu'elle n'ira pas à l'encontre d'une disposition formelle de la loi du navire (3). La fonction du juge sera de faire un juste départ entre les droits certains et acquis de bonne foi et les droits douteux (4).

(1) DE BÉVOTTE, *De la règle* locus regit actum *et du conflit des lois relatif à la forme des actes en matière maritime.* Thèse, Aix, 1895, p. 36.

(2) Anvers, 17 mars 1882 [Anvers, 1882, 1, 122] : Attendu que quant à la forme dont dépend l'existence du privilège, ce n'est pas la loi belge qui est applicable. Que celle-ci doit, au moins pour les navires étrangers, admettre l'application de la règle *locus regit actum*. Qu'il n'a même pas été prétendu que la législation austro-hongroise n'ait pas été observée au cas actuel. Qu'au surplus la loi belge elle-même autorise les capitaines belges à se passer quand il le faut de l'intervention des magistrats ou des consuls belges. Qu'a *fortiori* elle ne peut exiger des marins étrangers, voyageant à l'étranger, que l'observation des lois de leur pavillon. Que l'intervention du consul de l'Autriche-Hongrie garantit que la législation maritime de cette puissance a été respectée.

V. art. 4, Avant-projet Conférence Liverpool, 1905 [Annexes, p. 198].

On ne pourra pas toujours d'ailleurs s'en référer, pour la justification, à la loi du lieu où les privilèges ont pris naissance, car ils peuvent se produire en haute mer. Rapport Léon Hennebicq, Alfred Sieveking à la Conférence de Venise, 1907 [*Bulletin du Comité maritime international 19*, p. 47].

(3) RIPERT, tome II, p. 118 ; EYNARD, *La loi du pavillon.* Thèse, Aix, 1926, p. 83.

(4) DE BÉVOTTE, p. 36.

TROISIÈME PARTIE

L'Unification Internationale des Législations

L'adoption internationale du système de la loi du pavillon serait sans doute un progrès, mais elle ne constituerait pas un remède bien efficace à la diversité des législations.

Les tribunaux d'un pays auraient, en effet, à appliquer des lois étrangères diverses dont ils ne pourraient connaître l'esprit.

Les nationaux d'un Etat, qui se livrent habituellement aux opérations maritimes, se verraient contraints de se renseigner sur les législations nationales de tous les navires dont ils auraient à s'occuper. Quelle que soit leur intelligence ou celle de leurs conseils, il leur serait difficile de pénétrer l'esprit des lois étrangères, de connaître exactement leurs principes et les applications qui en sont faites (1).

(1) JOURDAN, pp. 282-289.

Plus spécialement, en ce qui concerne les privilèges, l'application de la loi du navire donnerait lieu à plus d'une question (1).

— Les créances nées dans le pays même de la saisie du navire devraient-elles être soumises au droit étranger qui est celui du pavillon, ou bien, devrait-on, pour elles, faire exception à la loi du navire ? Voici un emprunt à la grosse contracté dans un port français ou anglais, pour le compte d'un navire italien, dans des conditions non conformes à la loi italienne. La validité du privilège du prêteur pourrait être discutée; ce serait là, souvent, une profonde injustice. Il devrait donc y avoir des exceptions. Mais ces exceptions seraient si fréquentes (et elles devraient être si fréquentes) qu'en fait, la loi du pavillon ne serait pas une solution satisfaisante (2).

— Devrait-on assujettir les privilèges sur le fret ou la cargaison à la loi du pavillon?

Mais, chose plus grave, l'adoption de cette règle internationale de conflits ne supprimerait pas tous les conflits.

---

(1) *Bulletin du Comité maritime international* : Rapport signé Lord Alverstone, bulletin 10, fascicule 3, pp. 8 et s. ; Rapport Franck Beernært, bulletin 10, fascicule 1, pp. 4 et s.

(2) SIEVEKING, Conférence, Amsterdam, 1904 [*Bulletin Comité maritime international*, année 1905, p. 211] : « There must be exceptions. But then those very exceptions are so frequent and must be so frequent that in fact a solution of the question by the answer « the law of the flag » is not satisfactory at all. »

Que le navire change de nationalité (1) et la question se poserait, en effet, de classer les privilèges régulièrement acquis sous l'empire de l'ancienne loi du navire et ceux nés par application de la loi du nouveau pavillon. Quelle loi adopter si les deux législations en présence n'avaient pas le même système de classement? La difficulté serait insoluble (2).

Telles sont les raisons pour lesquelles dès 1904, la Conférence d'Amsterdam, désireuse d'assurer au crédit réel la sécurité qui lui manque, repoussait la règle internationale du conflit et posait le principe de l'établissement d'une loi uniforme en matière de droits réels et de privilèges maritimes, réserve faite des difficultés présentant un intérêt purement national (3).

Une seule et même loi applicable à tous sous toutes les latitudes (4). C'était là certes la solution désirable, mais était-elle réalisable ?

Sans doute, la diversité actuelle des lois n'est pas dans la nature du droit maritime qui régit des biens qui ont partout le même aspect, la même valeur, des

---

(1) La loi du 7 avril 1902, art. 15, modifiant la loi du 27 vendémiaire an II, art. 8, offre un curieux exemple de changement de nationalité du navire. Il suffit de considérer le cas d'un navire français, radoubé à l'étranger (dans des conditions telles qu'aux termes de l'art. 15 il a perdu sa nationalité française) et saisi en France.

(2) RIPERT, *op. cit., tome* 2, p. 120.

(3) Résolutions de la Conférence, Amsterdam, 14-15-16 septembre 1904. Hypothèques et droits réels : *Bulletin Comité maritime international 11*, p. x.

(4) BEERNAERT, Conférence, Liverpool, 1905, *Bulletin 12*, p. 103.

hommes qui font partout le même métier, des contrats qui répondent aux mêmes utilités, enfin, des risques qui, pour tous, présentent la même fréquence (1).

Tandis que le droit maritime du Moyen Age, discipline véritablement indépendante, issue d'usages dont on peut dire qu'à l'époque, ils étaient presqu'universellement respectés, connaissait une certaine uniformité, le droit maritime moderne, du xixe siècle, s'est incorporé, sous l'influence de la codification, de la suppression des usages, de la destruction des Amirautés, chargées spécialement de juger les affaires maritîmes, dans le droit commun de chaque pays, si bien qu'on assiste à ce bizarre contraste de l'unité interne des législations, de l'internationalisation du commerce, de la diversité du Droit Maritime.

La politique de protection pratiquée par chaque nation, à l'égard de sa marine marchande, accuse encore ces divergences.

Mais les véritables intéressés à la navigation, qui souffrent d'être soumis à des lois dont les oppositions augmentent les risques auxquels ils sont exposés, entreprennent de dégager le droit maritime du milieu dans lequel il est encastré.

Donner à la Mer, lien naturel entre les peuples, le bénéfice d'un droit uniforme, rationnel, délibéré, équitable dans son inspiration, pratique dans son texte (2),

____

(1) Ripert, tome Ier, p. 83.

(2) Franck, Discours d'ouverture de la Conférence d'Anvers, 28 juillet 1921 : *Bulletin Comité maritime international 47*, p. 200.

tel était le but que se proposaient les Réformateurs; mais quelles difficultés n'avaient-ils pas à résoudre!

Des difficultés d'ordre juridique, d'abord. Mais ils pouvaient, assez aisément, en venir à bout. L'étude des sûretés, en droit comparé, à laquelle nous nous sommes livré, a montré que, dans une matière, intimement liée, pourtant, à l'organisation générale du crédit par la législation terrestre, les divergences qui existent entre les systèmes des différents pays ne sont pas irréductibles.

Aussi bien, les difficultés étaient-elles surtout d'ordre commercial. On n'avait plus à résoudre le simple problème d'harmoniser des lois nationales différentes, mais à résoudre un problème qui se pose au sein même de chaque nation, c'est-à-dire de trouver une solution transactionnelle à l'opposition d'intérêts qui se manifeste entre créanciers hypothécaires et créanciers privilégiés. Le banquier, prêteur hypothécaire, ne risquait-il pas de voir son gage amoindri par le fournisseur de charbon ? Or, en matière commerciale, il est bien peu de gens qui se montrent prêts à abandonner un droit acquis. L'attitude de chacun peut s'exprimer familièrement par la maxime : « J'y suis, j'y reste! » (1)

L'écueil paraissait insurmontable. A l'heure actuelle, cependant, en matière d'hypothèques et de privilèges maritimes, l'unification est en bonne voie de réalisation.

(1) Sir Leslie Scott, Conférence, Gênes, 29 septembre 1925 : *Bulletin Comité maritime international* 74 (n°⁸ 66 à 73), pp. 403-404.

CHAPITRE PREMIER

Exposé des Conférences internationales.

La défense intelligente des intérêts économiques
qu'on retrouve, en d'autres périodes, sous la forme de
groupements spontanés, devait se traduire, en nos
temps modernes de discussion par l'éclosion d'associations, de comités, de conférences, de congrès (1).

Composé à la fois de jurisconsultes et de représentants des grandes industries maritimes, le Comité
Maritime International, organe permanent de l'Association Internationale du Droit Maritime, s'est voué
à la tâche de l'unification. Fondé en 1897, à Anvers,
par MM. Ch. Lejeune et L. Franck, sous la présidence
officieuse de M. Beernaert, président du Conseil des
ministres belges, il est, aujourd'hui, « le trait d'union »
des associations nationales, d'initiative privée, créées
sous son impulsion dans plus de vingt pays.

Il centralise les rapports présentés par ces associations sur les questions que lui-même met à l'ordre du

---

(1) ORLANDO, Conférence, Venise, 1907 : *Bulletin C. M. I. 19*,
449.

jour, et il provoque la réunion de leurs délégués dans des conférences (ou dans des commissions tenues dans l'intervalle de ces conférences) où s'élaborent des avant-projets de traités.

Ce rôle officieux, il le complète par une action officielle. Il est d'usage, en effet, que le gouvernement belge, à sa demande, et une fois arrêtés ces avant-projets, convoque une conférence diplomatique formée des représentants des gouvernements. Les textes, issus de ces discussions, empreintes du plus pur esprit de transaction et de conciliation, sont transformés en lois par le pouvoir législatif de chacun des Etats représentés.

Les hypothèques et les privilèges maritimes ont été l'une des premières questions inscrites à l'ordre du jour des travaux du Comité Maritime International.

La Conférence d'Amsterdam, après avoir posé le principe de l'établissement d'une loi uniforme, avait chargé une commission de présenter à la prochaine conférence un avant-projet de traité. Cette commission n'eut pas le loisir de se réunir avant la Conférence de Liverpool.

La Conférence tenue à Liverpool du 14 au 17 juin 1905 se livra à la première lecture d'un avant-projet de traité (1) et nomma une commission à l'effet d'en reviser la forme et le texte. Aux termes de l'art. 3 de cet avant-projet sont privilégiés sur le navire :

(1) V. Annexes, p. 197.

« 1°... les frais de conservation.

« 5° les débours du capitaine, les avances par lui
« faites pour les besoins du navire pendant le dernier
« voyage, le prêt à la grosse, les créances pour répa-
« rations, fournitures, victuailles, équipement, main-
« d'œuvre, pour autant seulement que ces créances
« soient nées et exercées au port où le navire se
« trouve, ou dans les ports du même pays où il fait
« escale pendant le même voyage. »

La Commission de Paris (4, 5 juin 1906) (1) et la
Conférence de Venise (septembre 1907) (2), animées
d'un grand esprit de sacrifice, se préoccupent de favoriser le développement du crédit maritime par l'hypothèque et réduisent le nombre des privilèges.

Les créances jouissant d'une cause de préférence
sont strictement limitées à celles encourues pour taxes,
impôts publics, conservation du navire, gages de
l'équipage, assistance, sauvetage, abordage.

Ainsi limité, le danger des privilèges occultes devait
presqu'entièrement disparaître; il était possible au
créancier hypothécaire de se mettre au courant des
principaux d'entre eux, et par le moyen de l'assurance
maritime, de se prémunir contre les risques d'assistance, sauvetage, abordage (3).

Plus complet est l'avant-projet de traité international soumis en 1909 au Gouvernement belge (4). Les

(1) Annexes, p. 199.
(2) Annexes, p. 201.
(3) FRANCK, Leslie SCOTT, Conférence, Venise, 1907 : *Bulletin C. M. I. 19*, préface, p. x.
(4) Annexes, p. 202.

privilèges consacrés par l'art. 3 al. 5 de l'avant-projet de Liverpool réapparaissent, en effet, sur le vœu exprimé par certains gouvernements, par la délégation allemande et par celle des Etats-Unis, relativement aux emprunts contractés par le capitaine, en cours de voyage, et aux créances nées à l'occasion des fournitures et réparations en cours de route.

Le principe est désormais acquis : tout créancier qui n'a en face de lui qu'un débiteur à responsabilité limitée, est privilégié, et le patrimoine constituant la limite de responsabilité concorde avec celui que frappent les privilèges.

L'avant-projet de 1909 discuté dans la troisième session de la Conférence de Bruxelles (septembre-octobre 1909) est repris par une sous-commission (quatrième session avril 1910) (1). Une modification est apportée, cependant, au classement des créanciers pour fournitures et réparations; l'avant-projet de 1909 créait un droit de préférence au profit du capitaine qui avait fait l'avance des frais; l'avant-projet de 1910 n'a pas voulu consacrer une telle inégalité entre créances de même nature, et s'est préoccupé d'éviter une collusion possible entre le créancier et le capitaine.

Un échange de vues se produit à nouveau sur la question de savoir s'il faut maintenir parmi les créances privilégiées celle du chef des débours du capitaine, en cours de route. On se rallie à l'affirmative, et

(1) Annexes, p. 204.

l'art. 3 de l'avant-projet de convention internationale pour l'unification de certaines règles relatives aux hypothèques et aux privilèges maritimes », adopté par la sous-commission de Bruxelles, en mars-avril 1913 (1), privilégie:

« 1°... les frais de conservation depuis l'entrée du « navire dans le dernier port.

« 4°... les créances provenant de contrats passés, ou « d'opérations effectuées par le capitaine, hors du « port d'attache, pour les besoins réels de la conser- « vation du navire, ou de la continuation du voyage, « sans distinguer si le capitaine est ou non en même « temps propriétaire du navire, et si la créance est « la sienne ou celle des fournisseurs, réparateurs, « prêteurs ou autres contractants.»

Interrompues par la guerre, les discussions reprennent après la cessation des hostilités. Une crise intense désole et bouleverse le monde maritime. Le crédit est appelé à jouer un rôle considérable. Les questions qui se rattachent à la valeur des hypothèques, à l'action des privilèges, prennent, de ce fait, une importance particulière (2).

La rédaction de l'avant-projet arrêté par la sous-commission de 1913 paraissait être définitive. Mais la création par l'Act Jones de 1920 de Preferred Mortgagees (3) devait susciter des difficultés de la part de

(1) Annexes, p. 205.
(2) FRANCK, Discours d'ouverture, Conférence Anvers, 1921 : *Bulletin C. M. I. 47,* pp. 200 et s.
(3) L'hypothèque privilégiée, inscrite sur un registre public,

la délégation des Etats-Unis; celle-ci fit observer que les cinq catégories de privilèges, préférables à l'hypothèque, consacrées par l'avant-projet de 1913, réduisaient à néant l'effet de l'hypothèque de rang privilégié, et que ce résultat ne serait pas admis en Amérique. La création de deux catégories de privilèges, les uns, préférables à l'hypothèque, les autres, primés par elle, constituait un système analogue à celui de l'Act Jones. La Conférence de Bruxelles de 1922 s'y rallia [art. 2-3, projet 1922] (1).

Les privilèges attachés aux frais de justice, ...frais de conservation depuis l'entrée du navire dans le dernier port, gages de l'équipage, indemnités de sauvetage, assistance, avaries communes, abordage, priment l'hypothèque. Ce sont les privilèges de premier rang.

Les privilèges attachés aux créances de fournitures et réparations effectuées en cours de route, et à celles résultant du connaissement, ou privilèges de second rang, sont primés par l'hypothèque. Les lois nationales peuvent modifier le rang de ces privilèges ou accorder un privilège à d'autres créances.

Les privilèges de second rang, nés antérieurement à l'hypothèque, ont la primauté. On n'a pas voulu que

---

et mentionnée dans certains documents du bord, prime, à cette double condition, tous les privilèges et notamment le privilège pour débours, sauf celui des gages de l'équipage, des créances nées à raison de sauvetage, abordage, assistance, avaries communes. Procès-verbal de la 3ᵉ séance plénière : Conférence, Bruxelles, 19 octobre 1922, pp. 92 et s.

(1) Annexes, pp. 208-209.

par une constitution en quelque sorte frauduleuse d'hypothèque, l'armateur n'arrive à annihiler leur effet pratique. Leur inscription, dans un délai de trois mois à dater de leur naissance, sur un registre public, soit du ressort du port d'enregistrement, soit d'un office central, permet au créancier hypothécaire de les connaître.

Ce système de publicité aurait dû, logiquement, être étendu aux privilèges de premier rang. Contre ces privilèges, le créancier hypothécaire n'a que la ressource de l'assurance maritime.

Normalement primés par l'hypothèque, les créanciers privilégiés de second rang auraient été dans une situation des plus défavorables s'ils n'avaient eu le moyen de connaître rapidement les charges réelles qui grèvent le navire. L'art. 12 du projet institue l'inscription de l'hypothèque sur les documents du bord.

Ces règles, relativement auxquelles les délégués de vingt-quatre Etats avaient donné leur adhésion, ont été reprises, sauf de légères modifications, par la commission, qu'avant de se séparer, la Conférence avait eu le soin de nommer (1).

— La primauté exceptionnelle des privilèges de second rang ne peut désormais se produire que pour les deux privilèges expressément consacrés par la Conférence; elle ne le peut plus en ce qui concerne ceux que les lois nationales sont autorisées à créer.

— Le délai de 3 mois, prévu pour l'inscription des

____

(1) Annexes, p. 212.

privilèges de second rang est réduit à 1 mois. En revanche, la possibilité est donnée au créancier d'envoyer au fonctionnaire, chargé de l'inscription des privilèges, un télégramme mentionnant le montant et la cause de sa créance.

Etabli en vue de recueillir l'adhésion du Gouvernement américain et en tenant compte des vues de ses délégués, signé par l'Espagne, la Belgique, la Roumanie, la Pologne, Dantzig, le Brésil, et par la France (le 25 août 1924), le projet de convention de 1922 ne fut cependant pas ratifié par les Etats-Unis. Il a été soutenu qu'une convention internationale était inopérante pour modifier aux Etats-Unis la législation en vigueur, cette question ne rentrant pas dans la compétence de la loi fédérale (1).

Le rang défavorable assigné au privilège pour fournitures et réparations ne satisfaisait pas, d'autre part, la Grande-Bretagne (2).

La discussion fut donc rouverte.

La priorité (admise sans difficultés) du privilège des fournisseurs et réparateurs, à l'égard de l'hypothèque, telle est la différence capitale qui sépare le projet de 1922 de la Convention de 1926 (art. 3) (3).

L'admission de ce principe a nécessité quelques modifications : la suppression de l'inscription du pri-

---

(1) RIPERT, La Conférence diplomatique de Bruxelles (6ᵉ Session, 6-10 avril 1926), Dor., 14, 46.
(2) Sir Leslie SCOTT, Conférence, Gênes, 1925. Dor, 10, 21.
(3) Annexes, p. 213.

vilège et la réduction à 6 mois, à dater de la naissance de la créance, de son délai de validité (art. 9).

La division des privilèges en deux catégories a été maintenue afin de laisser aux lois nationales la liberté de créer des privilèges de second rang (art. 3).

L'inscription de l'hypothèque sur les documents du bord a également subsisté (art. 12). Elle présente encore un intérêt pour les fournisseurs et réparateurs en raison de la rapide extinction de leur privilège.

Tels sont les principes de la Convention de 1926. Approuvée par les délégués de dix-neuf puissances, cette convention a été signée par la France le 10 août 1926. Elle représente jusqu'à ce jour le dernier état des travaux.

CHAPITRE II

Discussion.

Trois des résolutions adoptées, au cours des multiples conférences qui se sont tenues, doivent être mises plus particulièrement en lumière :

1° Suppression sans résistances du privilège attaché aux fournitures et réparations effectuées avant le départ du navire (art. 191 al. 8 C. com.). Ces créances correspondent à des services rendus au lieu de la demeure de l'armateur. C'est à l'armateur que les créanciers ont fait crédit. Pourquoi leur accorder un privilège, dont ils ne se sont peut-être même pas préoccupés, alors surtout qu'ils peuvent se prémunir, par avance, contre les risques d'insolvabilité de leur débiteur, en se faisant consentir une hypothèque ?

2° Maintien sans discussion du privilège accordé aux frais de conservation du navire depuis son entrée dans le dernier port (art. 191 al. 5). Ces frais, exposés dans l'intérêt de tous les créanciers, figurent, en effet, parmi les derniers services rendus au navire.

Il semble, d'autre part, en pratique, à peu près impossible, que le chantier, qui entreprend la réparation du bâtiment, se garantisse par une hypothèque. S'il doute à ce point de la solvabilité de l'armateur, il préfèrera certainement ne pas entreprendre de travaux pour son compte (1).

3° Tour à tour supprimé, maintenu, primé par l'hypothèque ou inversement, le privilège attaché aux créances nées à l'occasion des besoins du navire, en cours de route, a connu les fortunes les plus diverses.

A quelle solution convient-il en définitive de se rallier ?

Une opinion raisonnée ne peut résulter que de l'examen attentif des arguments qui ont été invoqués par les adversaires et les partisans de ce privilège.

L'opposition du privilège, garantie légale, créée dans l'intérêt du créancier, à raison de la nature de sa créance, à l'hypothèque, garantie conventionnelle, créée dans l'intérêt du débiteur, tel est le point de départ de ces discussions.

Pour favoriser le développement du crédit maritime, mieux vaut, a-t-on dit, s'attacher à l'hypothèque, en faire pour son titulaire une sûreté de premier ordre, en réduisant le nombre des privilèges qui la priment.

Le privilège pour fournitures et réparations a eu autrefois sa raison d'être. Il ne se justifie plus aujourd'hui. Sa suppression s'impose.

(1) GRASSIN, *Du crédit maritime et de son organisation en France*. Thèse, Paris, 1921, p. 132.

Nous ne partageons pas cette manière de voir. Il importe, tout d'abord, de remarquer que l'intérêt du créancier se confond avec celui de l'armateur.

La suppression du privilège ne ferait que paralyser davantage l'armateur dont la situation est déjà compromise (1). Elle mettrait le capitaine, qui se trouve hors du port d'attache, dans des conditions ne lui permettant plus de naviguer, dans la nécessité d'abandonner le navire (2).

En second lieu, si la rapidité actuelle des communications, si les facilités modernes du crédit ont atténué l'importance du privilège, il est exagéré de prétendre que son maintien ne se comprend plus aujourd'hui.

Aujourd'hui, dit-on, lorsqu'un navire entre en relâche pour avaries, à Valparaiso, Montevideo, Rio-Janeiro, Calcutta ou Hong-Kong, l'armateur le sait le lendemain. On peut s'amuser à dire qu'il le sait la veille, grâce à la différence des méridiens, si la dépêche vient de l'Est (3). Grâce au télégraphe qui existe dans tous les ports, à la T. S. F. dont tous les cargos sont munis, l'armateur est toujours en contact

---

(1) Compte rendu de la discussion de Venise [AUTRAN, XXIII, 723].

(2) BERLINGIERI, Conférence, Anvers, 1921 : *Bulletin C. M. I.* 47, pp. 297-298 ; HENRIKSEN, Procès verbal de la 4ᵉ séance plénière tenue par la Conférence diplomatique de Bruxelles, le 20 octobre 1922. Sir Leslie SCOTT signale qu'en Angleterre l'opinion dominante est qu'il faut tenir compte des besoins courants de la navigation et ne pas risquer de compromettre le crédit à court terme dont l'armement a besoin et qui subsiste grâce aux privilèges des fournisseurs. Conférence, Gênes, 1925. Dor., 10, 21.

(3) DE COURCY, *Questions de Droit maritime*, 3ᵉ série. *L'influence du télégraphe sur le droit maritime*, p. 238.

avec le capitaine. Le temps n'est plus où celui-ci n'avait à compter que sur lui-même dans un port étranger. Par l'intermédiaire des banques, des sociétés de crédit et de leurs succursales, il peut — sans le moindre retard des opérations du navire — se procurer les fonds qui lui sont nécessaires, sans que le créancier ait besoin d'un privilège pour assurer ses droits.

Mais le capitaine peut télégraphier un samedi, le dimanche ou un jour de bankholiday et par conséquent ne pas recevoir de réponse. L'armateur peut avoir à se rendre chez le banquier quand les guichets sont fermés. Le navire va supporter un retard de 2, 3, 4, 5, 6, 8 jours. Cela n'est pas avantageux et entraîne des pertes d'argent et de temps (1).

Il faut aussi tenir compte (sauf insertion dans les connaissements, de clauses déchargeant l'armateur de toute obligation quant aux délais du transport), des recours possibles des chargeurs et des destinataires que le retard peut, à raison de l'état du marché commercial, constituer en perte, ou exposer à des actions en dommages-intérêts, de la part des tiers avec lesquels ils sont entrés en relations d'affaires (2).

Il peut arriver, sans doute, que le capitaine se pro-

---

(1) DE ROUSIERS, Conférence, Anvers, 1921 : *Bulletin C. M. I. 47*, pp. 298-299-300. Procès-verbal de la 4ᵉ séance plénière. Conférence, Bruxelles, 20 octobre 1922, pp. 99 et s. ; CORY (Associated Chamber of Commerce of the United Kingdom), *Bulletin C. M. I, 19*, 648.

(2) RIPERT, *Droit maritime* (Collection Thaller), tome II, pp. 124-150.

cure, dans le plus court délai, les ressources indispensables à la continuation du voyage, auprès d'un des agents de l'armateur. Mais cela implique que l'entreprise d'armement a une certaine envergure et que le besoin de fournitures ou de réparations se fait précisément sentir à proximité d'un port d'escale.

Parfois aussi les créanciers se contenteront d'une garantie de banque ou d'une lettre de change (1). Encore faut-il qu'il y ait de l'argent au port d'attache! Dire que l'armateur qui n'a pas de fonds n'a pas à être armateur est inadmissible (2).

On prétend que le capitaine peut s'adresser aux représentants des assureurs qui ont un intérêt majeur à faire procéder immédiatement aux réparations nécessitées par des événements dont ils répondent. L'examen des faits montre que les compagnies d'assurances ne sont pas toujours les banquiers des armateurs (3).

---

(1) Aujourd'hui, tout le monde admet, malgré la faculté d'abandon, que le capitaine peut tirer une lettre de change sur son armateur. Les traites par lui émises devront énoncer qu'elles le sont pour les besoins du navire. Elles seront causées : valeur reçue pour l'avitaillement ou le radoub, bien que la loi du 8 février 1922 ait supprimé la mention de la cause dans la lettre. L'exception d'abandon devenant ainsi inhérente au titre sera, comme telle, opposable à tous les porteurs. On peut d'ailleurs se demander si le titre de crédit, tiré par le capitaine, mandataire de l'armateur, sur cet armateur lui-même, est bien, par sa nature, une véritable lettre de change. [RIPERT, *op. cit.*, tome Iᵉʳ, p. 780 ; DANJON, tome II, p. 135].

(2) LODER, Procès-verbaux des séances tenues du 17 au 26 octobre 1922 par la Conférence de Bruxelles.

(3) Paris, 3 décembre 1926, précité : Banque de Crédit Mari-

Aux termes d'une clause insérée dans les connaissements, le paiement comptant d'un tiers du fret peut être exigé. Le capitaine est en droit d'obliger le chargeur à s'y conformer. Il aura ainsi, dit-on, le moyen de faire face aux besoins du navire (1).

Il ne faudrait pas croire, cependant, que cette faculté soit sans contre-partie. Le capitaine ne peut en user que sous déduction d'un pourcentage, assez onéreux, de 3 % destiné à couvrir « interest, insurance and other charges ». La clause précise, d'autre part, le moment auquel le capitaine peut s'en prévaloir : à la signature des connaissements, dans des ports nom-

time et Fluvial de Belgique c. Assurances Cie Phocéa, Société le Lloyds Franco-Américain, etc... Le vapeur *Colorado*, appartenant à la Société Française d'armement et d'importation, assuré auprès de 62 compagnies, ayant été avarié, les assureurs provoquèrent la soumission des chantiers de réparations. Après avoir donné ordre à la Hill Dry Dock and Engeneering Company Ld, de commencer les travaux, et après avoir pris l'engagement de se conformer à l'usage, en vertu duquel les compagnies d'assurances règlent directement la créance des réparations vers la fin de l'ouvrage, ils se refusèrent à tout versement en prétendant compenser le montant du sinistre avec les primes dues par l'armateur. Les chantiers de Cardiff, non payés, firent saisir le navire. La Cour de Paris a admis la prétention des assureurs.

(1) Chamber of Shipping, River Plate, Charter Party, 1914 : « Freight payable (lignes 112 et s.) : The freight shall be « paid as follows : sufficient cash for Steamer's use, if « required by the Master (not exceeding one third of the « Freight) to be advanced by Charterers, on signing Bills of « Lading, in Buenos-Ayres, Rosario... on account of Freight, « at current rate of exchange for approved commercial bills « on London, subject to 3 %, to cover interest, insurance and « other charges..., and the balance of Freight, on the right « and true delivery of the cargo in cash. »

mément désignés. Que l'avarie se produise en pleine mer ou dans un autre port, la clause sera inopérante parce que les conditions dans lesquelles elle joue ne seront pas réalisées.

Quant à compter sur la clairvoyance du créancier hypothécaire pour l'inciter à fournir de son propre mouvement les fonds nécessaires, il n'y faut point songer. Comme beaucoup de personnes, il peut méconnaître son véritable intérêt (1).

D'ailleurs, à supposer même (ce qui, nous venons de le voir, n'est pas toujours le cas) que le capitaine puisse compter, de façon certaine, sur l'armateur ou ses représentants, sur l'assureur, sur le chargeur, sur le créancier hypothécaire, il est des hypothèses, malheureusement non chimériques, où une aide immédiate est indispensable, où le capitaine doit sans tarder agir de son chef. Lorsque le navire sera en détresse, le capitaine prendra-t-il le temps de recourir à qui que ce soit ? Evidemment non! Les adversaires du privilège, eux-mêmes, sont obligés de le reconnaître (2).

Soit, concèdent-ils, admettons que le capitaine soit, parfois, dans l'impossibilité de payer comptant les fournisseurs ou les réparateurs, et que ceux-ci, en l'absence de garanties, se refusent à lui faire crédit. Nous supprimons le privilège. Mais l'hypothèque avec

(1) Paris, 3 décembre 1926, précité.
(2) Procès-verbaux des séances tenues du 17 au 26 octobre 1922. Conférence, Bruxelles.

la réduction du nombre des privilèges, sera une garantie de premier ordre.

L'armateur et le créancier y trouveront chacun leur compte.

L'armateur ? Nous ne le croyons pas : le taux de l'intérêt est monté jusqu'à 8 % au cours de ces dernières années.

Le créancier ? Pas davantage. La prise d'une hypothèque va l'obliger à s'adresser au port d'attache pour connaître l'état hypothécaire du navire.

Ce sera pour lui, une gêne, une perte de temps, pour le capitaine, un retard.

Ces inconvénients disparaissent évidemment avec le système de l'inscription de l'hypothèque sur les documents du bord.

La France a connu pareil système de 1874 à 1885 (1), mais les inconvénients qu'il engendrait à son tour le lui ont fait abandonner.

Le propriétaire était, en effet, dans l'impossibilité de constituer une hypothèque, au port d'immatriculation, quand son navire avait quitté ce port. D'autre part, le créancier qui s'était fait, antérieurement, constituer une hypothèque, et qui devait renouveler son inscription, à peine de déchéance, était obligé d'attendre le retour du navire au port d'immatriculation, pour mentionner à nouveau l'inscription sur l'acte de francisation. Mais il pouvait ignorer que le

(1) Art. 6-11, loi 10 décembre 1874 [D., 75, 4, 69 et s.].

navire était revenu, et être ainsi victime d'une omission qui ne pouvait lui être reprochée (1).

Le mandat spécial dont devra justifier le capitaine sera encore une cause de retards.

Quant à permettre au capitaine de conférer lui-même une hypothèque, en rétablissant le système de « l'hypothèque éventuelle », il n'y faut guère songer.

Le propriétaire qui accorde au capitaine la faculté d'hypothéquer le navire s'en dépouille personnellement (2).

Etablie par la loi du 10 décembre 1874 (3), cette institution n'a eu en France qu'une application des plus réduites. Les statistiques officielles du 1er mai 1875 au 10 juillet 1885 n'indiquent que 10 réserves d'hypothèques en cours de voyage pour une somme de 658.000 francs, sans qu'on sache d'ailleurs l'usage qui en a été fait.

Le législateur de 1885 l'a supprimée. Aurait-elle plus de succès actuellement ?

— Supposons que le fournisseur se contente d'une hypothèque sur le navire. Il est de son intérêt de l'inscrire le plus rapidement possible.

(1) Lyon-Caen et Renault, tome VI, pp. 642 et s.

(2) Nous ne faisons pas état des difficultés occasionnées par le système de publicité de l'hypothèque éventuelle. Lorsqu'elle était réalisée en cours de voyage, elle devait être mentionnée sur l'acte de francisation et inscrite sur un registre spécial tenu par le consul de France ou par un officier public du lieu du contrat. La loi française ne pouvait contraindre un fonctionnaire étranger à tenir un registre de ce genre ; mais une convention internationale pourrait évidemment y obliger les fonctionnaires des Etats contractants.

(3 Art. 26 [D., 75, 4, 69 et s.].

L'inscription télégraphique est connue dans certains pays, notamment en Belgique. Lors de la discussion de la loi du 10 février 1908, l'objection avait été présentée des dangers que pouvait occasionner l'inscription d'une hypothèque sur le vu d'un simple télégramme.

Un créancier du propriétaire du navire ne pouvait-il, pour empêcher que des tiers ne prêtent sur le navire, faire ainsi, frauduleusement, un télégramme, au nom du capitaine ?

L'objection avait été écartée. La responsabilité qu'encourrait l'auteur de ce fait, le paiement immédiat des frais d'inscription, la sagacité habituelle des conservateurs ont paru des garanties suffisantes (1). L'organisation d'une procédure d'inscription, le télégramme étant, par exemple, transmis officiellement par l'autorité consulaire, serait certainement beaucoup plus sûre.

— Envisageons le cas d'un navire déjà hypothéqué au moment où le capitaine s'adresse au fournisseur ou au réparateur. Celui-ci va supputer les chances qu'il aura d'être payé. La comparaison de la valeur du navire et du total des créances hypothécaires le renseignera.

Si le navire n'est hypothéqué que pour une faible partie de sa valeur le créancier consentira, moyennant une hypothèque, à faire crédit au capitaine. Mais l'éva-

(1) SMEESTERS, tome Ier, p. 38 (Ch. des Représentants, 1904-1905. Documents parlementaires).

luation du bâtiment aura, en tous cas, entraîné des retards préjudiciables.

Qu'au contraire, les créances dont le navire doit répondre forment un total important et le capitaine ne trouvera ni fourniss rs, ni réparateurs.

La prudence commande, en effet, aux créanciers, de sous-évaluer le navire dont la valeur est liée au taux, extrêmement variable, des frets. Primés par les hypothèques antérieurement inscrites, ils ne s'engageront, on peut le croire, qu'à bon escient.

Le privilège des fournisseurs et réparateurs doit donc être maintenu (1). Mais quel rang convient-il de lui assigner ?

Contre la priorité du privilège sur l'hypothèque, nombre d'objections ont été présentées :

Le privilège, qui s'étend à toutes les fournitures et réparations effectuées hors du port d'attache, garantit des créances nombreuses, importantes, contre lesquelles le créancier hypothécaire n'a même pas la ressource de pouvoir s'assurer.

Quand le capitaine fait mettre une nouvelle hélice, qu'il remplace de vieilles chaudières par de nouvelles, qu'il fait exécuter des réparations coûteuses, qu'il achète de l'essence, du charbon, des victuailles..., ces dépenses jouissent du droit de priorité.

____

(1) La proposition présentée à la Chambre des Députés, le 7 mai 1915, par M. de Monzie, relativement à l'organisation du crédit hypothécaire maritime en France, contenait l'abrogation des privilèges des al. 4, 5, 8, 11 de l'art. 191 mais maintenait celui de l'al. 7. GRASSIN, Thèse précitée, p. 132.

Le créancier hypothécaire est sans défense contre ces dettes, contractées à son insu. La naissance de privilèges, qui ne dépendent que du capitaine ou de l'armateur, peut annihiler complètement une hypothèque antérieurement constituée par ce dernier (1).

Rien n'est plus nuisible que ces privilèges occultes qui, un jour, substituent, à ce qui apparaissait comme une garantiq sérieuse, un gage, rendu illusoire par le fait que le navire est grevé de charges que le créancier hypothécaire ne peut connaître (2).

Ces objections ne sont pas irréfutables.

— Pourquoi généraliser l'entente qui, exceptionnellement, peut se produire entre le capitaine e. l'armateur, en vue de tromper le créancier hypothécaire, de majorer les prix ou d'en noter de fiictifs ?

— Sans doute, par ces temps de vie chère, par suite de la commission qu'il reçoit sur les fournitures au navire (3), le capitaine peut être tenté d'acheter plus qu'il n'est nécessaire dans les ports étrangers.

Mais le danger n'est pas si grave qu'on le pense.

Seules sont privilégiées, en effet, les créances provenant d'opérations effectuées en vertu des pouvoirs légaux du capitaine, et pour les besoins réels de la

(1) Observations du Comité des Directeurs des banques néerlandaises de Crédit maritime quant au projet de convention sur les privilèges et hypothèques maritimes. Conférence, Gênes, 1925, *Bulletin C. M. I.* 74, pp. 259 et s.

(2) FRANCK, *La responsabilité des armateurs et les hypothèques et privilèges sur navires de mer à la Conférence diplomatique de Droit maritime de Bruxelles*, 1910.

(3) SOHR, *Procès-verbaux des séances de la Sous-Commission de Bruxelles* (6-9 octobre 1923).

conservation du navire ou de la continuation du voyage.

On n'a pas voulu couvrir les actes illégitimes du capitaine.

On a précisé que les « besoins réels » du navire étaient les seuls besoins nés de circonstances extraordinaires que l'armateur n'avait pu prévoir, que ceux qui provenaient de l'insuffisance ou de la défectuosité de l'équipement ou de l'avitaillement au début du voyage ne seraient pas considérés comme tels (1). Le contrôle de l'armateur, dont l'intérêt est évidemment de vérifier de près les dépenses engagées par le capitaine, la responsabilité de ce dernier à l'égard de l'armateur, sont des garanties suffisantes (2).

— Le crédit hypothécaire est donné au moment de la naissance des privilèges (3). Il ne servirait de rien qu'ultérieurement les créances privilégiées soient inscrites (4).

(1) Procès-verbaux des séances tenues du 17 au 26 octobre 1922 par la Conférence de Bruxelles.

(2) La délégation néerlandaise avait proposé de confier à l'agent consulaire du pays d'immatriculation du navire l'examen des créances privilégiées nées à l'étranger. Cette proposition était inacceptable. L'intervention du consul ne pouvait, en effet, être admise dans une question d'intérêts privés. Tous les consuls ne sont pas des fonctionnaires de carrière. Ce peuvent être des commerçants et même des concurrents [Ripert, La Commission de Bruxelles, 6-10 octobre 1923, Dor., 23, 55 ; Procès-verbal de la 6ᵉ séance plénière, 9 octobre 1923, Bruxelles].

(3) Les prêts consentis par les banques néerlandaises sont presque tous employés à la construction de bâtiments neufs.

(4) Smeesters [*Bulletin C. M. I. 47*, p. 288] ; De Rousiers [*Bulletin C. M. I. 47*, p. 300].

L'inscription entraînerait d'ailleurs bien des inconvénients, soulèverait bien des difficultés.

Tout créancier qui, à tort ou à raison, croirait être à même de faire valoir une créance privilégiée, la ferait noter avec partialité sur le registre des hypothèques du pays d'immatriculation du navire.

Quel excellent moyen de chantage! Un vendeur veut vendre un navire à un acheteur. Le vendeur prend une hypothèque. Puis, un homme de mauvaise foi inscrit sur le registre une créance occasionnée par des fournitures ou des prêts d'argent faits dans un port étranger. La banque hypothécaire refuse de fournir une hypothèque, l'acheteur, d'acheter le navire. Le vendeur essaiera d'obtenir la complicité de l'homme de mauvaise foi pour qu'il retire sa créance fictive (1).

Le receveur de La Haye, à qui on télégraphierait de Buénos-Ayres d'inscrire, à la charge du navire, une créance de fournitures de 100.000 florins, ne pourrait le faire sur un simple avis télégraphique. Il faudrait organiser une procédure officielle d'inscription.

Le privilège étant attaché, non seulement aux emprunts contractés par le capitaine, mais encore aux créances des fournisseurs de charbon..., des réparateurs..., il faudrait, pour chacune de ces opérations, envoyer un télégramme. Les frais se monteraient, si les pays étaient éloignés, à des sommes considérables.

(1) Observations des Directeurs des banques néerlandaises [*Bulletin C. M. I. 74*, pp. 259 et s.].

On ne peut dépenser en câblogrammes des centaines de mille francs par an! (1)

Quelle serait l'infinie multiplicité des mentions figurant sur le registre! Les opérations étant souvent suivies de paiements partiels, le registre ne serait plus, finalement, un registre pour inscription de privilèges, mais un véritable compte courant! (2)

Il convient, maintenant, de faire un pas en avant, et de montrer que la priorité du privilège se justifie par des considérations tirées à la fois de l'équité et de la pratique.

Le créancier hypothécaire ne peut se voir opposer la faculté d'abandon. Le créancier privilégié n'a en face de lui qu'un débiteur à responsabilité limitée. L'équité commande évidemment de lui donner la préférence.

Le créancier hypothécaire est celui qui a avancé les fonds nécessaires à la construction du navire (3).

Le créancier privilégié est celui qui a avancé les fonds nécessaires à son exploitation. Le premier est le créateur, le second, un conservateur.

Toutes les législations, pour des raisons d'équité évidentes, résolvent le conflit du créateur et du con-

---

(1) V. LODER, Procès verbaux des séances tenues du 6 au 9 octobre 1923 par la Commission de Bruxelles.

(2) DE ROUSIERS, *Bulletin C. M. I. 47*, p. 300. Il est juste d'ajouter que cet inconvénient est atténué par la rapide extinction du privilège.

(3) Le créancier hypothécaire qui, par exception, aura prêté pour les besoins du navire, invoquera le privilège. Il passera ainsi avant les créanciers qui lui sont antérieurs.

servateur en accordant la préférence à ce dernier. Que fût-il, en effet, advenu du gage si, après sa création, il n'eût été conservé ?

Appliquons ce principe à la question qui nous occupe. Sans l'apport du créancier hypothécaire, le navire n'existerait pas. Mais sans l'apport du créancier privilégié, le capitaine, qui ne trouverait pas de crédit dans les ports lointains, serait dans l'impossibilité de continuer le voyage, ou de ramener le navire, et le gage du créancier hypothécaire serait perdu.

La priorité de l'hypothèque se retournerait donc contre le créancier hypothécaire. Les banques hypothécaires qui, à un moment donné, avaient certifié que les privilèges ne lui profitaient en aucune façon, ont, postérieurement, reconnu leur erreur (1).

La priorité qu'on a voulu accorder à l'hypothèque — qui ne se justifie en aucune façon — s'explique par la conception, erronée, dont on est parti, à savoir que le Crédit maritime, constitué par l'Hypothèque, s'oppose aux Privilèges.

Mais les Privilèges sont, eux aussi, un élément du Crédit maritime, on peut même dire qu'ils en sont l'élément le plus important.

Rien ne sert de développer la construction d'une flotte si l'exploitation n'en est pas assurée (2).

Le navire n'est rien du tout quand il n'a pas les

______

(1) RIPERT, Procès-verbal de la 4e séance plénière. Bruxelles, 20 octobre 1922, pp. 99 et s. La Conférence diplomatique de Bruxelles de 1926, Dor., 14, 34 et s.

(2) RIPERT, Dor., 14, 34 et s.

moyens d'accomplir son voyage. Lorsqu'il a chargé une cargaison il faut qu'il accomplisse son voyage sans entraves (1), qu'il puisse, au moment de l'escale, assurer ses réparations, obtenir ses fournitures.

Il importe donc que ces indispensables auxiliaires que sont les créanciers privilégiés répondent, sans hésiter, à l'appel qui leur est fait.

La Conférence tenue à Bruxelles le 10 avril 1926 l'a compris. Maintien, priorité du privilège, ce sont ces principes que, plus éclairée que ses devancières, elle a consacré dans les articles 2 et 3 de la convention qu'elle a élaborée.

APPENDICE : Nécessité de l'adaptation des lois nationales à la Convention de 1926.

La Convention une fois élaborée, la Conférence devait en déterminer les conditions d'application.

Il s'agissait de régler les droits réels qui grèvent un navire. La Conférence s'est ralliée à la seule solution logique, celle de la loi du pavillon.

L'art. 14 impose aux Etats contractants l'obligation d'appliquer la Convention aux navires ressortissant à un Etat contractant. Mais il leur laisse, en même temps, la faculté de ne pas l'appliquer en faveur des nationaux d'un Etat non contractant.

Voici un navire ressortissant à un Etat contractant, grevé de charges au profit de créanciers ressortissant

_____

(1) SANDEMAN ALLEN : *Bulletin C. M. I. 74*, p. 412.

à des Etats contractants, et saisi dans un Etat contractant : le juge devra appliquer la convention.

Voilà un navire ressortissant à un Etat contractant, grevé de charges au profit de créanciers ressortissant à des Etats *non* contractants, et saisi dans un Etat contractant : le juge pourrait, aux termes de l'art. 14, appliquer sa loi nationale !

Le classement des charges réelles ne peut dépendre ainsi de la nationalité des créanciers.

La superposition dans un même pays de deux lois différentes éveillerait, d'autre part, une suspicion sur la valeur de l'une ou de l'autre (1).

Un pas de plus doit donc être fait dans la voie de l'unification. L'adaptation des lois internes à la Convention internationale s'impose (2). C'est, nous croyons, le dernier effort qu'il reste à faire. Il marquera le terme d'une évolution commencée il y a vingt ans à peine.

(1) RIPERT, tome Iᵉʳ, p. 86.
(2) La Convention a été signée par la France le 10 août 1926. La loi française devra donc être remaniée. La Commission de Révision du Livre II du Code de Commerce avait, en 1919, élaboré un projet de loi. Ce projet, qui n'a d'ailleurs pas connu officiellement le jour, n'est plus conforme aux dispositions internationales [V. Annexes, p. 173]. Mais les services de la Marine Marchande (Ministère des Travaux Publics) viennent de nommer une Commission qui s'est déjà mise à l'œuvre. Le législateur ne pourra dans l'élaboration de ces nouvelles dispositions modifier le nombre et le classement des privilèges primant l'hypothèse. Il aura, au contraire, la faculté de créer des privilèges de second rang. Mais nous ne croyons pas qu'il doive en user pour rétablir le privilège de l'art. 191, al. 8 et celui de l'art. 2.102, al. 3. Nous en avons déjà donné les raisons [V. *suprà*, pp. 153-64].

CONCLUSION

L'étude que nous nous étions proposé de faire est maintenant terminée.

Nous avons, dans une Première Partie, commenté les textes qui, en Droit Français, réglementent le privilège des fournisseurs et réparateurs.

Les questions que nous avons exposées à cette occasion ont été, sans doute, pour la plupart, depuis longtemps signalées et discutées.

Mais elles n'avaient encore fait l'objet d'aucune étude d'ensemble.

Grouper, coordonner ces questions, signaler chemin faisant les difficultés en face desquelles s'est trouvée la jurisprudence et les solutions qu'elle leur a données, tel a été notre but.

Il se peut que nous n'ayions pas dégagé toutes les questions de détail qui se rattachent au privilège des fournisseurs et réparateurs.

N'avoir rien omis qui fut véritablement essentiel suffirait à notre ambition.

Mais il eût été insuffisant de nous borner à un exposé purement juridique et national du sujet.

Plus vivant était son aspect critique, économique, international.

C'est à cet aspect que nous avons consacré la Deuxième et la Troisième Parties de notre travail.

Le caractère international de la créance des fournisseurs et réparateurs, sur lequel nous avons, à plusieurs reprises, insisté, appelait une réglementation internationale.

Après en avoir montré la désirabilité et la possibilité, il convenait de nous demander sur quelles bases elle devait être réalisée.

Le privilège répondait-il encore à une réalité économique ?

Nous avons indiqué les raisons pour lesquelles il nous paraissait que ce privilège devait être maintenu et les conditions dans lesquelles la Conférence diplomatique tenue en 1926 à Bruxelles avait consacré une solution dans son ensemble satisfaisante.

Presque terminée pour les privilèges et les hypothèques, commencée ou seulement ébauchée dans d'autres domaines, l'œuvre d'unification du Droit Maritime s'accomplit, plus ou moins rapidement, mais d'une façon continue et irrésistible.

Réalité prochaine que cette vérité comprise et affirmée il y a un siècle par Lord Mansfield : « The maritime law is not the law of a particular country, but « the general law of nations ».

ANNEXES

Commission de Révision du Livre II du Code de Commerce français

Projet de loi ayant pour objet de modifier les dispositions
du Livre II (1919) (1).

TITRE II. — Saisie des Navires.

CHAPITRE III. — PRIVILÈGES ET HYPOTHÈQUES.

Section I. — *Privilèges.*

ART. 204. — Sont privilégiés sur le navire et dans
l'ordre suivant :

a) les frais de justice, droits de quai et taxes de péage ;

b) les créances résultant de l'engagement du capitaine
et de l'équipage pour une durée inférieure à douze mois ;

c) les frais de pilotage, remorquage, garde et entretien
du navire dans le port de vente ;

d) les sommes dues pour sauvetage, assistance, avaries
communes ;

— les créances provenant de contrats passés ou d'opérations effectuées par le capitaine, en cas de nécessité,
hors du port d'attache, pour les besoins réels du navire.

Ces sommes et créances seront remboursées par préférence dans l'ordre inverse de leurs dates de naissance.

(1) Document communiqué par M. Ripert. Qu'il veuille bien
agréer nos remerciements et l'hommage de notre gratitude.

e) les primes d'assurance pour le dernier voyage assuré quand l'assurance est au voyage, ou pour la dernière période assurée quand l'assurance est à temps, mais pour une année au plus.

ART. 205. — Les privilèges s'éteignent :

a) par l'extinction de l'obligation principale ;

b) par la renonciation du créancier ;

c) par la vente en justice du navire ;

d) par la vente amiable du navire...

Dans le cas de vente en justice ou amiable du navire, le droit de préférence subsiste sur le prix non distribué ou non payé.

ART. 206. — En outre, s'éteignent :

a) les privilèges pour frais de justice, quai, péage, pilotage, remorquage, garde, entretien du navire par le départ du navire du port où la créance est née.

b) les privilèges du capitaine et de l'équipage à l'expiration d'un délai de douze mois à dater de l'exigibilité de la créance ;

c) les privilèges pour assistance et sauvetage, à l'expiration d'un délai de quatre mois à dater de l'achèvement de l'opération d'assistance ou sauvetage ;

d) Les privilèges pour avaries communes : à l'expiration d'un délai de douze mois à dater du sacrifice ou de la dépense ;

e) les privilèges pour contrats passés ou opérations effectuées par le capitaine, hors du port d'attache, pour les besoins du navire, à l'expiration d'un délai de quatre mois à dater de l'exécution du contrat ou de la prestation des services ;

f) le privilège de l'assureur, à l'expiration d'un délai d'un an à dater de l'exigibilité des primes.

ART. 207. — Les privilèges maritimes portent sur : le navire et ses débris, sauf sur le fret, les primes, subventions ou autres subsides publics, les indemnités de responsabilité, d'assurance.

ART. 208. — Les créanciers privilégiés ont la faculté d'inscrire leur privilège en vue de la mise en vente du navire.

L'inscription est sans influence sur le rang des privilèges.

Elle est opérée sur le registre du navire.

Section II. — *Hypothèques.*

ART. 221. — Les créances hypothécaires sur le navire prennent rang dans leur ordre de transcription après les créances privilégiées.

***

Code de Commerce maritime marocain
Dahir du 31 mars 1919 (1).

***

ART. 77. — Sont seuls privilégiés sur le navire et dans l'ordre suivant :

a) les frais de justice pour la conservation du navire ou pour parvenir à la vente ou à la distribution du prix, les droits de quai et les taxes de péage payables par le navire;

b) les créances résultant du contrat d'engagement du capitaine, de l'équipage et des autres personnes embarquées au service du navire, pour une durée de 12 mois au plus ;

(1) *Traités, codes et lois du Maroc,* tome III, P.-L. RIVIÈRE, 1925, pp. 866 et s.

c) les frais de pilotage, de remorquage, de garde et d'entretien du navire et de ses agrès et apparaux, en tant que ces frais ont été faits pour assurer l'entrée du navire dans le port où il est vendu ;

d) les créances pour sauvetage et assistance, les créances provenant de contrats passés ou d'opérations effectuées par le capitaine en cas de nécessité hors du port d'attache, pour les besoins réels du navire ;

e) le montant des primes d'assurances...

Les créances visées au paragraphe *d* viennent en sens inverse de l'ordre des dates où elles sont nées.

Art. 78. — Tous les privilèges maritimes sont soumis aux causes générales d'extinction ci-après :

a) l'extinction de l'obligation principale ;

b) la renonciation du créancier ;

c) la vente en justice du navire ;

d) la vente à l'amiable du navire, sous les conditions suivantes :

Que la mutation soit accomplie ;

Qu'avis de cette mention ait été donné dans le *Bulletin Officiel marocain*, avec indication du nom et du domicile de l'acquéreur ;

Qu'aucune opposition n'ait été notifiée par le créancier dans le mois de la publication. Le droit de préférence du créancier subsiste sur le prix de vente en justice ou à l'amiable, tant que le prix n'est pas distribué ou payé.

Art. 79. — Les privilèges maritimes sont, en outre, soumis aux causes spéciales d'extinction ci-après énoncées :

a) les privilèges des frais... de garde et d'entretien s'éteignent par le départ du navire du port où la créance est née ;

d) le privilège des créances nées de contrats passés ou d'opérations effectuées par le capitaine hors du port d'attache, pour les besoins du navire, s'éteint à l'expiration d'un délai de 4 mois à partir de l'exécution du contrat ou de la prestation des services.

ART. 80. — Les privilèges maritimes portent sur le navire ou ses débris, à l'exclusion du fret, des primes et subsides d'Etat, des indemnités de responsabilité et d'assurance.

ART. 81. — Les créanciers privilégiés ont la faculté d'inscrire leur privilège en vue d'être avisés de la mise en vente du navire dans les conditions prévues à l'art. 116 du présent Code (p. 869).

Cette inscription est sans influence sur le rang du privilège.

Elle est opérée sur le registre spécial établi par l'art. 90 (p. 867).

ART. 108. — Les créanciers hypothécaires sur le navire viennent dans leur ordre d'inscription, après les créanciers privilégiés.

Dahir formant Code des Obligations et des Contrats (modifié et complété par les dahirs des 18 mars et 25 avril 1917, 6 mars 1918, 19 juillet 1922).

ART. 1250 (1). — Les créances privilégiées sur certains meubles sont celles-ci après exprimées :

3° Les frais faits pour la conservation de la chose, à savoir ceux sans lesquels la chose eût péri, ou aurait cessé de servir à sa destination, sur les meubles conservés.

(1) *Op. cit.*, p. 120.

Code civil allemand (1896-1900)

Traduction de l'Office de Législation étrangère et de droit
international (1923).

ART. 647 [titre : Du contrat d'ouvrage] :

L'entrepreneur a, pour ses créances résultant du contrat, un droit de gage sur les choses mobilières de l'auteur de la commande par lui confectionnées ou remises en meilleur état si, lors de la confection ou en vue de l'amélioration, elles ont été mises en sa possession.

ART. 1253 [titre : Du droit de gage sur les meubles] :

Le droit de gage s'éteint lorsque le créancier gagiste rend le gage au constituant ou au propriétaire. Est de nul effet la réserve que le droit de gage subsistera.

Lorsque le gage est en la possession du constituant ou du propriétaire, on présume qu'il lui a été restitué par le créancier gagiste. La même présomption a lieu si le gage se trouve entre les mains d'un tiers qui en a reçu la possession du constituant ou du propriétaire après la naissance du droit de gage.

Code de Commerce allemand (1900)

Traduction de Paul Carpentier (1901).

[Du contrat à la grosse].

ART. 679. — On entend par contrat à la grosse, dans l'esprit du présent Code, une opération d'emprunt faite par le capitaine, en raison de ses fonctions, et en vertu des pouvoirs qu'il tient de ce Code, moyennant l'assurance d'une prime et l'engagement du navire, du fret et de la cargaison, ou seulement d'un ou plusieurs de ces éléments, de telle sorte que le créancier ne puisse exercer son action sur les objets engagés qu'après l'arrivée du navire au terme du voyage pour lequel l'emprunt a été contracté.

Art. 680. — Le capitaine ne peut emprunter à la grosse que dans les cas suivants :

1° Tant que le navire se trouve hors de son port d'attache, pour se procurer les moyens d'achever le voyage...

Dans le cas du n° 1 du paragraphe 1er, le capitaine ne peut emprunter que sur la cargaison...

Art. 754 [des créanciers de navire] :

Les créances ci-après dénommées confèrent les droits de créancier du navire :

1° Frais de garde et de conservation du navire, et de ses agrès et apparaux, depuis son entrée dans le dernier port, au cas où il est vendu par voie d'exécution forcée, frais de cette exécution exceptés ;

2° Taxes publiques incombant au navire, taxes de navigation et de port...

3° Créances de l'équipage...

4° Droits de pilotage ; frais de sauvetage, d'assistance...

5° Contributions du navire aux avaries grosses ;

6° Créances du prêteur à la grosse ; créances résultant d'autres opérations de crédit, que le capitaine, agissant en sa qualité, a conclues, en cas de nécessité, pendant un arrêt de navire hors du port d'attache (Art. 528, 541), même s'il est copropriétaire ou seul propriétaire du bâtiment ; à ces dernières sont assimilées celles qui dérivent de fournitures et de travaux, et qui existent sans avoir fait l'objet d'un crédit consenti au capitaine agissant en sa qualité, en cas d'urgence, pendant un arrêt du navire hors de son port d'attache, et pour l'entretien du navire ou de l'achèvement du voyage, pourvu que ces fournitures et travaux aient été nécessaires pour faire face à un besoin.

ART. 755. — Les créanciers du navire auquel le navire n'a pas déjà été engagé à la grosse, ont un droit de gage dérivé de la loi, tant sur le navire que sur les agrès et apparaux.

Ce privilège comporte un droit de suite opposable aux tiers possesseurs du navire.

ART. 756. — Le droit légal de gage de chacun de ces créanciers du navire s'étend encore au fret brut du voyage qui a donné lieu à la créance.

ART. 757. — On considérera comme un voyage, dans le sens de la présente section, celui en vue duquel le navire a été équipé à nouveau ou qui a été commencé sur la conclusion d'un nouveau contrat d'affrètement, ou après complet déchargement de la cargaison.

ART. 759. — En ce qui concerne le droit de gage appartenant au créancier du prêt à la grosse en conformité de l'article 679, on appliquera les dispositions qui règlent le droit de gage légal des autres créanciers du navire.

Toutefois l'étendue du droit de gage du créancier du prêt à la grosse est régie par la teneur du contrat à la grosse (Art. 680).

ART. 760. — Le droit de gage appartenant à un créancier du navire garantit également le capital, les intérêts, la prime du contrat à la grosse et les frais.

ART. 762. — Le fait que l'armateur est personnellement tenu de la créance dès la naissance de celle-ci ou postérieurement, n'exerce aucune influence sur les droits du créancier du navire.

ART. 764. — Le droit de gage du créancier du navire s'éteint, indépendamment du cas de vente forcée du navire sur le territoire de l'Empire, par la vente du navire réalisée par le capitaine dans la sphère de ses attributions légales, en présence d'une nécessité urgente (Art. 530) ; le créancier se trouve alors subrogé dans le prix de vente, tant que ce prix demeure aux mains de l'acheteur ou du capitaine.

Art. 766. — En ce qui concerne le navire, ses frais de garde et de conservation depuis son entrée dans le dernier port (Art. 754, n° 1) priment toutes les autres réclamations des créanciers du navire.

Art. 767. — Entre les autres créances mentionnées sous les n°ˢ 2 à 9 de l'art. 754, celles qui concernent le dernier voyage (Art. 757) au nombre desquelles il faut compter celles qui ont pris naissance après l'achèvement de ce voyage, seront préférées à celles qui se rapportent aux voyages antérieurs.

Pour ce qui est des créances qui ne concernent pas le dernier voyage, celles qui se rapportent à un voyage postérieur seront préférées à celles qui se rattachent à un voyage précédent.

Lorsque la navigation, en vue de laquelle le prêt à la grosse a été conclu, comprend plusieurs voyages au sens de l'art. 757, les créanciers du navire dont les droits se réfèrent à une navigation postérieure à l'achèvement du premier de ces voyages, primeront le créancier du prêt à la grosse.

Art. 768. — Les créances qui se rapportent au même voyage... seront réglées dans l'ordre ci-après :

1° les taxes publiques... (Art. 754, n° 2) ;

2° les créances de l'équipage (Art. 754, n° 3) ;

3° les droits de pilotage, les frais de sauvetage, d'assistance... (Art. 754, n° 4), les contributions du navire aux avaries grosses (n° 5), les créances résultant des emprunts à la grosse et des autres opérations de crédit conclus par le capitaine dans un cas de nécessité et assimilées (n° 6)...

ART. 769. — ...Entre les créances reprises sous le n° 3 de l'art. 768, la dernière en date primera la plus ancienne; celles qui sont concomitantes seront mises sur la même ligne.

Il en sera de même pour les créances résultant de diverses opérations conclues par le capitaine à l'occasion d'un même cas d'urgence (Art. 754, n° 6).

Les créances résultant d'opérations de crédit, et spécialement d'emprunts à la grosse, que le capitaine a conclus pour se libérer d'obligations antérieures rentrant dans l'énumération du n° 3 de l'art. 768, et aussi celles qui sont nées de conventions par lui passées pour obtenir un délai de paiement, pour acquitter des dettes semblables antérieures, les reconnaître ou les renouveler, ne jouissent, même si l'opération de crédit ou la convention ont été nécessaires à la continuation du voyage, que du rang de préférence attribué aux créances qu'elles remplacent.

ART. 771. — Le droit de gage du créancier du navire sur le fret (Art. 756) ne subsiste que tant que le fret reste dû ou que son montant demeure aux mains du capitaine.

Les dispositions des art. 766 à 770 relatives au rang de collocation s'appliquent également à ce droit de gage. En cas de cession du fret, les créanciers du navire pourront faire valoir ce droit de gage à l'encontre du nouveau créancier, aussi longtemps que le fret sera dû, ou demeurera aux mains du capitaine. Si l'armateur a encaissé le fret, il devient personnellement responsable vis-à-vis des créanciers du navire, ainsi privés de tout ou partie de leur droit de gage, et vis-à-vis de chacun, pour le montant de la somme qui lui aurait été attribuée selon son rang légal de collocation dans la distribution de la somme encaissée.

L'armateur encourt la même responsabilité personnelle sur le fret des marchandises chargées pour son compte, ce fret devant être calculé suivant le taux ordinaire aux lieu et jour du chargement.

Art. 773. — L'armateur, qui dans le cas de l'art. 764... a encaissé le prix du navire, en est personnellement tenu, jusqu'à concurrence de la somme par lui reçue, vis-à-vis des créanciers du navire dont le droit de gage est venu à s'éteindre par suite d'adjudication publique, de vente... de la même façon qu'il est responsable du fret par lui touché à l'égard des créanciers d'un voyage.

Art. 775. — L'indemnité pour le sacrifice ou la détérioration des marchandises en cas d'avarie grosse, remplace, au regard des créanciers du navire, les choses pour lesquelles elle a été accordée.

Il en est de même de l'indemnité qui en cas de perte ou d'endommagement du navire, ou, s'il y a fret manqué, en raison de la perte ou de la détérioration de la marchandise, doit être payée à l'armateur par celui qui a causé le dommage en commettant quelque fait contraire au droit.

Si l'indemnité ou le dédommagement a été encaissé par l'armateur, celui-ci encourt, vis-à-vis des créanciers du navire, pour la somme touchée par lui, la même responsabilité personnelle que vis-à-vis des créanciers d'un voyage, lorsqu'il a touché le fret (Art. 771)...

Art. 776. — Lorsque des créanciers du navire qui exercent leur droit de gage concourent avec d'autres créanciers gagistes ou d'autres créanciers quelconques, les premiers ont la préférence.

Le Code de Commerce japonais (1).

LIVRE V. — Du commerce maritime (1899-1911).

ART. 544. — L'armateur peut s'affranchir de sa responsabilité pour l'acte du capitaine, fait dans les limites de sa capacité légale, ...en abandonnant au créancier, à la fin du voyage, le navire, le fret et les droits aux dommages-intérêts ou rémunération acquis par lui par rapport à ce navire, à moins qu'il n'y ait faute de sa part.

ART. 680. — Celui qui a acquis une des créances indiquées ci-après a un privilège sur le navire, ses accessoires et sur le fret non encore perçu :

1° Les frais pour la vente aux enchères publiques du navire et de ses accessoires, et les frais pour leur conservation depuis le début de la procédure de la vente aux enchères publiques ;

2° Les frais pour la conservation du navire et de ses accessoires dans le dernier port ;

3° Les impôts à percevoir sur le navire relativement au voyage ;

4° Les droits de pilotage et de remorquage ;

5° La rémunération du sauvetage et la contribution aux avaries communes grevant le navire ;

6° Les créances résultant de la nécessité de continuer le voyage ;

7° Les créances du capitaine et des autres membres de l'équipage résultant du contrat d'engagement ;

(1) *Le Code de commerce maritime de l'Empire du Japon,* G. RIPERT et SOZO KOMACHIYA, 1923.

8° Dans le cas où le navire n'a pas encore fait de voyage depuis sa vente ou sa construction, les créances résultant de cette vente ou de cette construction et de l'équipement, et les créances relatives à l'équipement, l'entretien, le combustible pour le dernier voyage ;

9° Sauf les créances indiquées dans les numéros 2, 4 à 6 et le numéro précédent, les créances pour lesquelles l'abandon est permis d'après la disposition de l'art. 544.

Art. 681. — En ce qui concerne le fret, les privilèges des créanciers du navire ne portent que sur le fret du voyage à l'occasion duquel le privilège est né.

Art. 682. — En cas de concours des privilèges des créanciers du navire, leur rang de préférence se détermine d'après l'ordre indiqué en l'art. 680 ; toutefois, entre les créances des numéros 4 à 6 de cet article, la créance née postérieurement prime celle née antérieurement.

S'il y a plusieurs créanciers privilégiés de même rang, ils seront payés proportionnellement au montant de leurs créances respectives ; toutefois si les créances des numéros 4 à 6 de l'art. 680 ne sont pas nées en même temps, la créance née postérieurement prime celle née antérieurement.

Dans le cas où les privilèges concernent plusieurs voyages, ceux qui sont nés relativement au dernier voyage priment les privilèges qui sont nés relativement au voyage antérieur, nonobstant les dispositions des deux paragraphes précédents.

Art. 683. — En cas de concours d'un privilège de créancier du navire et d'un autre privilège, le privilège du créancier du navire prime l'autre privilège.

Art. 684. — Dans le cas où l'armateur aliène le navire, l'acquéreur est obligé, après l'enregistrement de cette aliénation, de notifier publiquement aux créanciers privilégiés d'avoir à faire connaître leurs créances dans un délai fixé et qui ne saurait être inférieur à un mois.

Lorsque le créancier privilégié ne déclare pas sa créance dans le délai prévu par le paragraphe précédent, son privilège s'éteint.

Art. 685. — Le privilège du créancier du navire s'éteint par le délai d'une année après sa naissance.

Le privilège du n° 8 de l'art. 680 s'éteint par le départ du navire.

Art. 687. — Les privilèges sur le navire priment l'hypothèque.

Art. 689. — Les dispositions de ce chapitre s'appliquent par analogie au navire en construction.

The Admiralty Court Act, 1840 (1)

3, § 4, Vict. c. 65

An act to improve the practice and extend the jurisdiction of the High Court of Admiralty of England.

------

6. — The High Court of Admiralty shall have jurisdiction to decide all claims and demands... for necessaries supplied to any foreign ship or sea-going vessel, and to enforce the payment thereof, whether such ship or vessel may have been within the body of a county, or upon the high seas, at the time when ...the necessaries were furnished, in respect of which such claim is made.

(1) Abbott, pp. 897 et s.

.·.

The Admiralty Court Act, 1861 (1)

24 Vict., c. 10
An Act to Extend the jurisdiction and improve the practice of the
High Court of Admiralty.

---

5. — The High Court of Admiralty shall have jurisdiction over any claim for necessaries supplied to any ship elsewhere than in the port to which the ship belongs, unless it is shown to the satisfaction of the court that at the time of the institution of the cause any owner or part owner or part owner of the ship is domiciled in England or wales.

10. — The High Court of Admiralty shall have jurisdiction ...over any claim by the master of any ship ...for disbursements made by him on account of the ship.

.·.

The Merchant Shipping Act, 1889 (2)

52, § 53, Vict. c. 46 :

---

1. — Every master of a ship and every person lawfully acting as master of a ship by reason of the decease or incapacity from illness of the master of the ship, shall,

(2) Abbott, pp. 1080 et s.
(2) Abbott, p. 1221. Reproduit par le *Merchant Shipping Act*, 1894, 167-2. V. *The Merchant Shipping Acts*, Robert Temperley, M. A., 3ᵉ édition, 1922, p. 105.

so far as the case permits, have the same rights, liens and
remedies for the recovery of disbursements properly
incurred by him on account of the ship, as a master of
a ship now has for the recovery of his wages...

Code de Commerce belge
LIVRE II. — Du Commerce maritime.
Loi du 21 août 1879 (1)

ART. 3. — Les créanciers ayant privilège ou h pothèque
inscrite sur un navire le suivent, en quelques mains qu'il
passe, pour être colloqués et payés suivant l'ordre de
leurs créances ou inscriptions.

ART. 4. — Sont privilégiées, dans l'ordre où elles sont
rangées, les créances ci-après désignées :

1° Les frais de justice... ;

2° Les droits de navigation... ainsi que les frais de
remorquage ;

3° Les gages du gardien... ;

4° Le loyer des magasins où sont déposés les agrès et
apparaux ;

5° Les frais d'entretien du bâtiment et de ses agrès et
apparaux depuis son entrée dans le port ;

6° Les frais et indemnités dus à l'occasion du sauvetage ou de l'assistance... ;

7° Les loyers et gages du capitaine et autres gens de
l'équipage... ;

8° Les sommes prêtées au capitaine pour les besoins
du bâtiment pendant le dernier voyage et le rembourse-

(1) JACOBS, tome I, p. 17 et s.

ment du prix des marchandises par lui vendues pour le
même objet ;

9° Les sommes dues aux créanciers pour fournitures,
travaux, main-d'œuvre, pour radoub, victuailles, armement et équipement, avant le départ du navire, s'il a déjà
navigué.

Les créanciers compris dans chacun des numéros du
présent article viendront en concurrence et au marc-le-
franc en cas d'insuffisance du prix.

Art. 5. — Le privilège accordé aux créances énoncées
dans le précédent article ne peut être exercé qu'autant
qu'elles sont justifiées dans les formes suivantes :

...3° Les créances désignées sous les n°ˢ 3, 4, 5 de
l'art. 4 seront constatées par des états arrêtés par le Président du Tribunal de Commerce ;

...5° Les sommes prêtées et la valeur des marchandises
vendues pour les besoins du navire pendant le dernier
voyage, par des états arrêtés par le capitaine, appuyés de
procès-verbaux signés par le capitaine et les principaux
de l'équipage, constatant la nécessité des emprunts ;

.6° Les fournitures pour l'armement, l'équipement et les
victuailles du navire seront constatées par les mémoires,
factures ou états visés par le capitaine et arrêtés par l'armateur dont un double sera déposé au greffe du Tribunal
de Commerce avant le départ du navire, ou, au plus tard,
dans les dix jours après son départ.

Art. 6. — Les privilèges des créanciers seront éteints,
indépendamment des moyens généraux d'extinction des
obligations :

Par la vente en justice faite dans les formes établies
par la loi ;

Ou par la vente volontaire transcrite conformément à
l'art. 2 [sur un registre à ce destiné au bureau de la
conservation des hypothèques à Anvers], publiée dans un
des journaux d'Anvers, de Gand, et dans ceux du port

d'armement et affichée au mât ou à la partie la plus apparente du navire, sans opposition de la part des créanciers du vendeur, notifiée dans le mois de la publication et de l'affiche tant au vendeur qu'à l'acheteur.

Néanmoins les droits de préférence des créanciers subsistent sur le prix, tant que celui-ci n'a pas été payé ou distribué.

Art. 149 (1). — En cas de perte ou d'innavigabilité du navire, les droits du créancier s'exerceront sur les choses sauvées ou sur leur produit, alors même que la créance ne serait pas encore due.

L'inscription de l'hypothèque vaut opposition au payement de l'indemnité d'assurance. Dans le cas de règlement d'avaries concernant le navire, le créancier hypothécaire pourra intervenir pour la conservation de ses droits; il ne pourra les exercer que dans le cas où l'indemnité en tout ou partie n'aurait pas été ou ne serait pas employée à la réparation du navire.

Art. 156 [Du contrat à la grosse] :

Le prêt à la grosse ne peut être fait qu'au capitaine, pour subvenir à des dépenses de réparations ou autres besoins extraordinaires du navire ou de la cargaison ou pour remplacer des objets perdus par suite d'accidents de mer.

Il doit être autorisé en Belgique, par le Tribunal de Commerce, ou, à défaut, par le juge de paix, à l'étranger, par le consul, le vice-consul ou, à défaut, par le magistrat du lieu.

Art. 157. — L'autorisation doit exprimer si le prêt sera affecté :

Sur le corps et la quille du navire ;
Sur les agrès et apparaux ;
Sur l'armement et les victuailles ;

______

(1) Jacobs, tome II, pp. 40 et s.

Sur le chargement ;

Sur le fret ;

Sur la totalité de ces objets ou sur une partie déterminée de chacun d'eux.

Il ne peut jamais être affecté sur les marchandises qui n'étaient pas chargées lors de l'événement donnant lieu au prêt.

Loi du 10 février 1908

Art. 13 (1). — Le conservateur des hypothèques mentionne sur le registre matricule :

1° La date de l'acte ;

2° La nature de l'acte...

3° Les noms, prénoms, domiciles et professions des parties ;

4° La nature de la convention et ses éléments principaux.

Art. 15. — Si l'acte soumis à inscription est fait par le capitaine en cours de voyage la formalité peut être accomplie, sur le vu d'un simple télégramme contenant toutes les indications mentionnées dans l'art. 13...

Art. 23 (2). — Sont seuls privilégiés :

1° Les frais de justice..., les taxes et impôts publics, les frais de garde et de conservation du bâtiment depuis l'entrée dans le port jusqu'à la vente ;

2° Les gages du capitaine et de l'équipage... ;

3° Les frais et indemnités dus pour sauvetage et assistance ;

4° Les dommages-intérêts dus pour cause d'abordage...

(1) Code de Commerce annoté et lois commerciales usuelles. Edmond Picard et Léon Siville. Bruxelles, 1909. p. 146.

(2) Code précité, p. 149.

Art. 179 (1). — [Du contrat à la grosse] :

Le prêt à la grosse ne peut être fait qu'au capitaine pour subvenir à des dépenses de réparations ou autres besoins extraordinaires du navire ou de la cargaison, ou pour remplacer des objets perdus par suite d'accidents de mer.

Hollande. — Code de Commerce.

LIVRE II. — Des droits et obligations qui résultent de la navigation (2).

Art. 309. — Les navires sont meubles.

Art. 313. — Les créances privilégiées qui peuvent être exécutées sur le prix des navires sont ci-après déterminées.

Elles sont privilégiées dans l'ordre suivant :

1° Les salaires de sauvetage, assistance et de pilotage ;

2° Les droits de tonnage, bouée, phare, quarantaine et autres droits de port ;

3° Les gages des gardiens et frais de garde du bâtiment;

4° Le loyer des magasins servant au dépôt des agrès et apparaux ;

5° Les gages du capitaine et des gens de l'équipage ;

6° La livraison des voiles, cordages et autres objets nécessaires au navire, et les frais d'entretien ou de réparation du bâtiment et de ses agrès et apparaux ; les sommes avancées ou prêtées au capitaine ou payées pour

(1) Code précité, p. 203.

(2) Mis en vigueur en 1838. V. *Les lois commerciales de l'Univers*, tome XXVIII, *Pays-Bas et colonies néerlandaises*, traduction française de Hoon, de Pelsemœker, Paul Carpentier, pp. 69 et s.

son compte pour le service et les besoins du bâtiment, ainsi que les sommes dues pour indemnité des marchandises qui ont dû être vendues par lui, pour faire face aux dettes mentionnées ci-dessus, et les sommes prêtées à la grosse pour acquitter tout ou partie de ces dettes, y compris la prime de l'emprunt à la grosse.

Les dettes énumérées sous les n°ˢ 1, 2, 5, 6, ne jouissent du privilège, qu'autant qu'elles ont été contractées pour le dernier voyage, savoir, celles mentionnées aux n°ˢ 1 et 2 et à l'alinéa final du n° 6, si elles ont été contractées pendant le voyage ; celles mentionnées au n° 5 et au 1ᵉʳ alinéa du n° 6, si elles ont été contractées depuis le jour où le navire a été mis en état de faire le voyage, jusqu'à celui où le voyage est considéré comme terminé ; le voyage est censé terminé 21 jours après l'arrivée du navire à sa destination ou, plus tôt, quand les dernières marchandises ou les derniers effets auront été débarqués. Les dettes énumérées aux n°ˢ 3 et 4 jouissent du privilège si elles ont été contractées depuis le jour où le navire est entré dans le port jusqu'à celui de sa vente.

7° Les frais du radoub nécessaire du navire et de ses appareaux, autres que ceux mentionnés au n° 6 ci-dessus, pendant les trois dernières années à compter du jour de l'achèvement du radoub.

8° La créance provenant de la construction du navire et les intérêts dus pour les trois dernières années.

9° Les contrats à la grosse sur le corps et la quille du navire et sur ses apparaux, pour les victuailles, l'armement et l'équipement, s'ils ont été passés et signés avant le départ du navire, sans y comprendre la prime de l'emprunt à la grosse.

10° Les dommages-intérêts dus aux affréteurs, pour défaut de délivrance des marchandises...

Art. 314. — Les créances mentionnées à l'article précédent, comprises sous le même numéro et contractées dans le même port, seront colloquées au même rang. Mais si, en poursuivant le voyage, des dettes de ce genre ont été contractées par nécessité dans d'autres ports, ou dans le même port, lorsque le navire a dû y rentrer après en être sorti, celles nées postérieurement sont préférées aux plus anciennes.

Art. 321. — Le propriétaire ou les co-armateurs d'un navire, chacun en proportion de sa part, sont civilement responsables des faits et engagements du capitaine pour ce qui est relatif au navire et à l'entreprise.

Cette responsabilité cesse par l'abandon du navire et du fret gagné ou à tirer encore de l'entreprise à laquelle se rapportent les faits et obligations.

Art. 322. — Le propriétaire et tout co-armateur d'un navire est néanmoins personnellement responsable, en proportion de sa part, des frais du radoub du navire, et des autres dépenses faites par son ordre particulier ou par ordre de l'association.

Loi du 22 décembre 1924 portant révision de divers titres du 2ᵉ livre du Code de Commerce (1)...

Art. 318 c. — Les créances privilégiées sur les navires sont, sous réserves de ce qui est disposé à l'art. 318 q :

1° Les frais de vente judiciaire ;

2° Les créances du capitaine et de l'équipage et qui sont nées à l'occasion de leur service ;

3° Les indemnités d'assistance, le salaire des pilotes, les droits de canal et de port et autres droits de navigation ;

4° Les indemnités dues du chef d'abordage.

L'art. 1185 C. Civ. n'est pas applicable aux navires.

Art. 318 d. — Le rang des créances privilégiées est déterminé par le numéro sous lequel elles sont mentionnées à l'article précédent. Celles qui sont mention-

(1) Dor., 9, 619 et s.

nées sous le même numéro, ont le même rang et sont payées au marc-le-franc, à l'exception de celles relatives aux indemnités d'assistance, dont la plus récente prime la plus ancienne.

Les créances privilégiées priment l'hypothèque.

Les privilèges mentionnés au n° 3 du précédent article s'éteignent par le fait que le navire commence un nouveau voyage.

ART. 318 e. — Les créances privilégiées comportent les intérêts légaux et les frais pour autant que ceux-ci ne sont déjà prévus à l'art. 318 c-1°.

ART. 318 f. — Les créances privilégiées sur le navire sont également privilégiées sur les créances résultant de l'exploitation du navire, telles que les créances pour paiement du fret et frais de transport, de l'indemnité d'assistance, si le navire est employé aux opérations de sauvetage, et des frais de remorquage, si le navire est affecté au service de remorquage.

ART. 318 g. — Le privilège mentionné aux art. 318 c et 318 f s'étend aux indemnités dues pour endommagement ou perte du navire, ou pour perte totale ou partielle de l'une quelconque des créances mentionnées à l'art. 318 f sous réserve de celles qui sont dues en vertu d'un contrat d'assurance.

ART. 318 h. — Les créances privilégiées sur le chargement sont :

1° Les frais de vente judiciaire ;

2° Les indemnités d'assistance et les contributions d'avaries communes ;

3° Les créances résultant du contrat de transport.

Ces créances sont préférées à celles prévues par l'art. 1185 C. Civ.

ART. 318 o. — Le créancier dont la créance est privilégiée ou garantie par hypothèque poursuit son droit sur le navire ou sur la part de navire en quelque main que ceux-ci se trouvent.

Le créancier dont la créance est privilégiée poursuit son droit sur les créances énumérées à l'art. 318 *f* et à l'art. 318 *g*, même après leur transfert ou leur mise en gage à des tiers.

ART. 318 *q*. — Les créances concernant le navire ou son exploitation, ou basées sur la responsabilité de l'armateur prévue à l'art. 321 sont, après les créances privilégiées à l'art. 318 *c*, et après les créances hypothécaires sur le navire, et les indemnités ·dont il est question à l'art. 318 *g*, préférées à toutes autres créances de quelque autre chef.

Elles ont le même rang et sont payées au marc-le-franc.

Les art. 318 *f* et 318 *o* sont inapplicables à ces créances.

ART. 318 *r*. — Les créances prévues par l'art. 318 *c* et par l'art. 318 *q* peuvent être exécutées sur le navire par préférence même si ces créances résultent de l'utilisation du navire pour la navigation maritime, par un autre que le propriétaire, à moins que celui qui se servit du navire, n'y fut pas autorisé par le propriétaire et que le créancier ne soit pas de bonne fois.

ART. 321. — L'armateur est engagé par les actes juridiques accomplis par ceux qui sont au service permanent ou temporaire du navire, dans l'exercice de leurs fonctions et dans la limite de leurs attributions.

ART. 360. — Dans les ports étrangers où l'armateur n'est pas représenté, le capitaine a le droit d'approvisionner le navire et de faire tout ce que comporte l'utilisation du navire conformément à l'affectation y donnée par l'armateur, ou tout ce qui est nécessaire à la conservation du navire.

Toutefois, on ne pourra opposer aux tiers qui auront de bonne foi traité avec le capitaine, le défaut de pouvoirs du capitaine, pour la raison que l'armateur était représenté sur les lieux.

Art. 362. — Le capitaine n'est autorisé à faire des réparations extraordinaires au navire, à le grever ou à le vendre, que lorsque le navire se trouve à l'étranger, et qu'il s'agit d'un cas d'extrême urgence, qui ne permet pas raisonnablement d'attendre les ordres de l'armateur ou de quelqu'un qui a le droit d'agir en son nom.

Art. 365. — Lorsqu'à l'étranger, il manque au capitaine des fonds pour faire face à des dépenses nécessaires pour continuer le voyage, que le capitaine ne peut obtenir ces fonds en tirant des traites sur l'armateur, ou par tout autre moyen, il aura la faculté de se procurer de l'argent en hypothéquant le navire, ou s'il n'y réussit pas, en engageant ou en vendant une partie du chargement.

Code Civil (1).

Art. 1185. — Les privilèges sur certains biens sont :
...4° Les frais faits pour la conservation de la chose.

Conférence de Liverpool (14-17 juin 1905)
Avant-projet de traité sur les hypothèques et les privilèges maritimes (2).

Art. 2. — Les hypothèques maritimes et autres droits similaires sont primés par les privilèges.

Art. 3. — Sont privilégiés sur les navires :

1° Les créances du chef de frais de justice, taxes et impôts publics, des frais de garde et de conservation ;

2° Les indemnités dues pour sauvetage, pilotage, remorquage et avarie commune pendant le dernier voyage ;

(1) Code civil néerlandais, traduit par Haanebrink, 1921.
(2) *Bulletin C. M. I.*, 13, p. 12 (en note).

3° Les gages du capitaine et de l'équipage depuis le dernier engagement, mais avec, au plus, une durée de 12 mois. ;

4° Les créances du chef de dommages causés par abordage ;

5° Les débours du capitaine, les avances par lui faites pour les besoins du navire pendant le dernier voyage, le prêt à la grosse, les dommages-intérêts pour avaries et manquants, les créances pour réparations, fournitures, victuailles, équipement, main-d'œuvre, pour autant seulement que ces créances soient nées et exercées au port où le navire se trouve, ou dans les ports du même pays où il fait escale pendant le même voyage.

ART. 4. — Le privilège accordé par l'article précédent ne subsiste que si la créance dont s'agit est justifiée dans les formes requises, soit par la loi du pays où elle est née, soit par la loi nationale du navire, et satisfait aux conditions imposées par l'une ou l'autre de ces lois pour le maintien du privilège.

ART. 5. — Dans le cas où le privilège n'est pas restreint aux créances nées pendant le dernier voyage, l'ordre des privilèges est en sens inverse de la date des voyages.

Pour un même voyage, le rang se règle conformément à l'énumération donnée par l'art. 3. Les créances figurant à un même numéro dans cet article viennent au marc-le-franc.

ART. 6. — Le caractère privilégié de toute créance se prescrit par un an.

Les lois nationales règlent l'effet du transfert de la propriété du navire en ce qui concerne les privilèges et hypothèques.

***

Commission de Paris (4-5 juin 1906).

Avant-projet de traité sur les hypothèques et les privilèges maritimes (1).

ART. 2. — V. Conférence Liverpool.

ART. 3. — Sont privilégiés, dans l'ordre suivant, sur le navire, les accessoires du navire et le fret du voyage pendant lequel est née la créance privilégiée (V. art. 2 et 3 du traité sur la responsabilité des propriétaires de navires) :

1° V. Conf. Liverpool ;

2° Les gages du capitaine et de l'équipage depuis le dernier engagement, mais avec, au plus, une durée de six mois ;

3° Les indemnités dues pour sauvetage et assistance ;

4° Les indemnités dues à un autre navire, à sa cargaison, à son équipage ou à ses passagers, à raison d'un abordage ou de tout autre accident résultant d'une faute nautique du navire ;

ART. 4. — Le rang des privilèges se règle conformément à l'énumération donnée par l'art. 3. Les créances figurant à un même numéro dans cet article viennent au marc-le-franc, sauf en ce qui concerne les indemnités dues pour sauvetage et assistance ; celles-ci viennent en sens inverse de la date où elles sont nées.

ART. 5. — Le privilège s'éteint par l'expiration du délai d'un an à partir du moment où le créancier a pu agir.

ART. 6. — Le privilège sur le fret ne subsiste qu'autant qn'il n'est pas encaissé par le propriétaire personnellement.

(1) *Bulletin C. M. I.*, p. 12.

***

Commission de Paris (4-5 juin 1906).
*Avant-projet de traité sur la responsabilité
des propriétaires de navires* (1).

Art. 2. — Le propriétaire du navire n'est pas tenu personnellement, mais seulement sur le navire, le fret et les accessoires du navire afférents au voyage, des dommages ou pertes occasionnés par les faits du capitaine...

Art. 3. — Le fret visé à l'art. 2 est le loyer ou le fret revenant au propriétaire de navire sans déduction, qu'il s'agisse de fret ou de loyer payé d'avance, de fret ou de loyer encore dû, ou de fret ou de loyer acquis à tout événement.

Le prix du passage est assimilé au fret.

Les accessoires visés à l'art. 2 sont :

1° les indemnités dues au propriétaire de navire pour avaries communes, en tant que celles-ci constituent des dommages matériels subis par le navire et non réparés ;

2° Les indemnités dues pour réparation de dommages quelconques subis par le navire ;

3° Les sommes revenant au propriétaire du navire pour assistance ou sauvetage.

Ne sont pas considérés comme des accessoires du navire, les indemnités dues ou payées en vertu de contrats d'assurance, ni les primes, subventions ou autres subsides nationaux.

(1) *Bulletin C. M. I.*, 13, pp. 7 et s.

*
**

Conférence de Venise (septembre 1907).

Avant-projet de traité sur les hypothèques et les privilèges
maritimes (1).

ART. 2. — V. Conf. Liverpool.

ART. 3. — Sont seuls privilégiés, dans l'ordre suivant,
sur le navire, les accessoires du navire, et le loyer ou le
fret du voyage pendant lequel est née la créance privilégiée :
...V. Comm. de Paris.

ART. 4. — V. Comm. de Paris.

ART. 5. — Le privilège s'éteint par l'expiration du délai
d'un an à partir de la naissance de la créance.

Les causes de suspension et d'interruption de cette
prescription sont déterminées par la loi du tribunal saisi.

Peut être considéré par cette loi comme une cause de
suspension, le fait que le navire n'a pu être saisi dans
les eaux territoriales de l'Etat dans lequel le demandeur
a son domicile ou son principal établissement.

ART. 6. — Le privilège sur le loyer ou le fret peut être
exercé tant que le loyer ou le fret est entre les mains de
l'affréteur, du chargeur, du destinataire, du capitaine, ou
de l'agent, ou de quelqu'autre tierce personne. Il s'éteint
lorsque le fret est encaissé par le propriétaire personnel-
ment.

(1) *Bulletin C. M. I.,* 19, p. XVIII.

***

Conférence de Bruxelles (1909).

Projet de convention sur les hypothèques et les privilèges maritimes (1).

———

Art. 2. — V. Conf. Liverpool.

Art. 3. — Sont privilégiés, etc., etc... :

1° Les frais de justice, les droits de tonnage, de phare, ou de port, et les autres taxes et impôts publics de même espèce ; les frais de garde et de conservation depuis l'entrée du navire dans le dernier port ;

2° Les créances résultant du contrat d'engagement du capitaine, de l'équipage, ou d'autres personnes embarquées au service du navire, et les frais du pilotage ;

3° Les indemnités dues pour sauvetage et assistance, et la contribution du navire à l'avarie commune ;

4° Les créances pour fournitures et réparations, et autres obligations dans le même but, contractées par le capitaine, en cas de nécessité, hors du port d'attache, pour la conservation du navire ou pour la continuation du voyage, en tant que ces actes ont été nécessités par un besoin réel, que le capitaine soit ou non, en même temps propriétaire du navire et que la créance soit la sienne ou celle des fournisseurs, réparateurs, prêteurs, ou autres contractants ;

5° V. art. 3, al. 4, Comm. de Paris.

Art. 6. — Le privilège s'éteint par l'expiration du délai de deux ans, à partir de la naissance de la créance.

———

(1) V. Arriu, *L'unification du Droit maritime.* Thèse, Toulouse, 1913, p. 51.

Pour les créances prévues à l'art. 3, n° 2, cette prescription est d'un an ; ce délai court à partir du jour où le service a cessé.

Les causes de suspension et d'interruption de cette prescription sont déterminées par la loi du Tribunal saisi de l'action.

Art. 7. — V. Art. 6, Comm. de Paris.

Art. 8. — Les privilèges établis par les dispositions qui précèdent ne sont soumis à aucune formalité, ni à aucune condition spéciale de preuve.

Art. 10. — Les accessoires du navire et du fret visés à l'art. 3 comprennent :

1° Les indemnités dues au propriétaire pour avaries communes, en tant que celles-ci constituent, soit des dommages matériels subis par le navire et non réparés, soit des pertes de fret ;

2° Les indemnités dues au propriétaire à raison de dommages subis par le navire et non réparés, ou pour perte de fret ;

3° Les sommes dues au propriétaire pour assistance et sauvetage, déduction faite des sommes allouées au capitaine et aux autres personnes au service du navire.

Ne sont pas considérés comme accessoires du navire et du fret les indemnités payées ou dues au propriétaire en vertu d'un contrat d'assurance, non plus que les primes, subventions, ou autres subsides nationaux.

Art. 11. — Les dispositions de la présente convention seront appliquées dans chaque Etat contractant lorsque l'une des parties intéressées est ressortissante d'un autre Etat contractant, ainsi que dans les autres cas prévus par les lois nationales.

Toutefois, le principe formulé dans l'alinéa précédent ne porte pas atteinte au droit des Etats contractants de ne pas appliquer les dispositions de la présente convention en faveur des ressortissants d'un Etat non contractant.

*
* *

Conférence de Bruxelles (1910).

Avant-projet de Convention sur les hypothèques
et les privilèges maritimes (1).

ART. 2. — V. 1909.

ART. 3. — Sont seuls privilégiés, etc., etc...

1° V. 1909 ;

2° Les créances résultant de contrats d'engagement du capitaine, de l'équipage, et des autres personnes embarquées au service du navire ;

3° V. 1909 ;

4° V. 1909 ;

5° Les indemnités dues à raison d'un abordage, ou de tout autre accident résultant de la faute d'une personne au service du navire...

ART. 4. — V. Comm. de Paris.

ART. 6. — Les privilèges s'éteignent, outre les autres cas prévus par les lois nationales :

1° Par l'extinction du délai d'un an à dater de l'exigibilité de la créance, sans que, pour les créances visées au § 4 de l'art. 3, le délai puisse dépasser deux ans à partir de la naissance de la créance ;

2° Par la vente en justice.

ART. 10. — V. 1909.

ART. 11. — V. 1909.

(1) ARRIU, Thèse précitée, p. 51.

***

Sous-Commission de Bruxelles (mars-avril 1913).

Avant-projet de Convention internationale pour l'unification de certaines règles relatives aux hypothèques et aux privilèges maritimes (1).

ART. 2. — Les créances privilégiées priment toutes les autres créances, y compris celles garanties par les droits réels visés à l'art. 1ᵉʳ [hypothèques, mortgages, gages].

ART. 3. — Sont seuls privilégiés, sur le navire, sur le fret du voyage pendant lequel est née la créance privilégiée, et sur les accessoires du navire et du fret acquis depuis le début du voyage :

1° Les frais de justice...,; les droits de tonnage, de phare, ou de port, et les autres taxes et impôts publics de même espèce ; les frais de pilotage ; les frais de garde et de conservation depuis l'entrée du navire dans le dernier port ;

2° Les créances résultant du contrat d'engagement du capitaine, de l'équipage et des autres personnes au service du navire ;

3° Les indemnités dues pour sauvetage et assistance, et la contribution du navire aux avaries communes ;

4° Les créances provenant de contrats passés, ou d'opérations effectuées par le capitaine, hors du port d'attache, pour les besoins réels de la conservation du navire ou de la continuation du voyage, sans distinguer si le capitaine est ou non en même temps propriétaire du navire, et si la créance est la sienne ou celle des fournisseurs, réparateurs, prêteurs ou autres contractants.

(1) *Bulletin C. M. I.*, n° 47 (41 à 46). Annexes, pp. 25 et s.

5° Les indemnités dues à raison d'un abordage...

ART. 4. — Les accessoires du navire et du fret visés à l'art. 3 comprennent :

1° Les indemnités dues au propriétaire à raison de dommages matériels subis par le navire et non réparés, ou pour pertes de fret ;

2° Les indemnités dues au propriétaire pour avaries communes, en tant que celles-ci constituent soit des dommages matériels subis par le navire et non réparés, soit des pertes de fret ;

3° Les sommes dues au propriétaire pour assistance prêtée ou sauvetage effectué depuis le début du voyage, déduction faite des sommes allouées au capitaine et autres personnes au service du navire.

Le prix de passage et les surestaries sont assimilés au fret.

Ne sont pas considérés comme accessoires du navire ou du fret, les indemnités dues au propriétaire en vertu de contrats d'assurance, non plus que les primes, subventions ou autres subsides nationaux.

ART. 5. — Les créances se rapportant à un même voyage sont privilégiées dans l'ordre où elles sont rangées à l'art. 3.

Les créances comprises dans chacun des numéros viennent en concurrence et au marc-le-franc en cas d'insuffisance du prix.

Les créances visées aux n°˙ 3 et 4, dans chacune de ces catégories, sont remboursées par préférence dans l'ordre inverse des dates où elles sont nées.

Les créances se rattachant à un même événement sont réputées nées en même temps.

ART. 6. — Les créances privilégiées du dernier voyage sont préférées à celles des voyages précédents.

ART. 7. — A moins que des circonstances spéciales ne justifient une autre acception, on entend par voyage, pour l'application de la présente convention, le voyage pour lequel le navire a été armé et équipé, ou que le navire a entrepris en exécution d'un nouveau contrat d'affrètement, ou qu'il a effectué après débarquement complet de ses marchandises, avec ou sans nouvelle cargaison.

Art. 8. — En vue de la distribution du prix de la vente des objets affectés par le privilège, les créanciers privilégiés ont la faculté de produire pour le montant intégral de leurs créances, sans déduction du chef des règles sur la limitation, mais sans que les dividendes leur revenant puissent dépasser la somme due en vertu desdites règles.

Art. 9. — Les créances privilégiées suivent le navire en quelque main qu'il passe.

Art. 10. — Les privilèges s'éteignent, en dehors des autres cas prévus par les lois nationales, par l'expiration du délai d'un an à dater de l'exigibilité de la créance, sans que, pour les créances visées au n° 4 de l'art. 3, le délai puisse dépasser deux ans à partir de la naissance de la créance.

...Les causes d'interruption et de suspension des délais susdits sont déterminées par la loi du tribunal saisi.

Les Hautes Parties contractantes se réservent le droit d'admettre, dans leurs législations, comme prorogeant le délai ci-dessus fixé, le fait que le navire grevé n'a pu être saisi dans les eaux territoriales de l'Etat dans lequel le demandeur a son domicile ou son principal établissement.

Art. 11. — Le privilège sur le fret peut être exercé tant que le fret est encore dû, ou que le montant du fret se trouve encore entre les mains du capitaine ou du représentant du propriétaire.

Il en est de même du privilège sur les accessoires.

Art. 12. — Les privilèges établis par les dispositions qui précèdent ne sont soumis à aucune condition spéciale de preuve.

Cette disposition ne porte pas atteinte au droit de

chaque Etat de maintenir dans sa législation des dispositions exigeant du capitaine l'accomplissement de formalités spéciales, soit pour certains emprunts sur le navire, soit pour la vente de la cargaison.

ART. 13. — Les dispositions qui précèdent sont applicables aux navires exploités par un armateur non propriétaire ou par un affréteur principal, agissant en vertu d'un contrat d'affrètement conclu soit à temps, soit au voyage, ou sur toute autre base, sauf lorsque le propriétaire s'est trouvé dessaisi par un acte illicite et quand, en outre, le créancier n'est pas de bonne foi.

ART. 14. — V. art. 11 avant-projet de Bruxelles 1909.

Conférence diplomatique internationale de Bruxelles (17-26 octobre 1922) (1).

Projet de Convention internationale pour l'unification de certaines règles relatives aux privilèges et hypothèques maritimes.

ART. 2. — Sont privilégiés sur le navire, sur le fret du voyage pendant lequel est née la créance privilégiée, et sur les accessoires du navire et du fret acquis depuis le début du voyage :

1° V. art. 3, al. 1ᵉʳ, avant-projet de 1913 ;

2° V. art. 3, al. 2, avant-projet de 1913 ;

3° V. art. 3, al. 3, avant-projet de 1913 ;

4° Les indemnités dues à raison de la faute du propriétaire ou d'une personne au service du navire pour abordage ou autre accident de navigation...

(1) Dor., tome Iᵉʳ, pp. 673 et s.

5° Les créances provenant des contrats passés, ou d'opérations effectuées par le capitaine, hors du port d'attache, en vertu de ses pouvoirs légaux, pour les besoins réels de la conservation du navire, ou de la continuation du voyage, sans distinguer si le capitaine est ou non en même temps propriétaire du navire et si la créance est la sienne ou celle des fournisseurs, réparateurs, prêteurs ou autres contractants ;

6° Les créances résultant du connaissement.

ART. 3. — Les hypothèques, mortgages, gages sur navires, prévus à l'art. 1ᵉʳ prennent rang immédiatement après les créances privilégiées mentionnées aux nᵒˢ 1 à 4 de l'article précédent.

Les lois nationales peuvent accorder un privilège à d'autres créances que celles prévues audit article ou en modifier le rang, mais sans modifier le rang réservé aux créances garanties par hypothèques, mortgages et gages et aux privilèges les primant.

Les créances privilégiées prévues aux nᵒˢ 5 et 6 de l'art. 2 et à l'al. 2 du présent article prennent rang avant les hypothèques, mortgages et gages, si elles sont nées antérieurement à l'inscription de l'hypothèque, et si mention du privilège a été faite au registre prévu à l'art. 1ᵉʳ dans un délai de trois mois à compter de la naissance de la créance.

[ART. 1ᵉʳ. — Les hypothèques, mortgages, gages sur navires, régulièrement établis d'après les lois de l'Etat contractant auquel le navire est ressortissant et inscrit dans un registre public, soit du ressort du port d'enregistrement, soit d'un office central, seront considérés comme valables et respectés dans tous les autres pays contractants.]

ART. 4. — Les accessoires du navire et du fret visés à l'art. 2 s'entendent :

1° V. art. 4, al. 1ᵉʳ, avant-projet de 1913 ;

2° V. art. 4, al. 2, avant-projet de 1913 ;

3° Des rémunérations dues au propriétaire pour assistance prêtée ou sauvetage effectué jusqu'à la fin du voyage, déduction faite des sommes allouées au capitaine et autres personnes au service du navire.

Le prix de passage, et, éventuellement, le forfait prévu à l'art. 4 de la Convention pour la limitation de la **responsabilité** des propriétaires de navires sont assimilés au fret.

Ne sont pas considérés comme accessoires du navire ou du fret les indemnités dues au propriétaire en vertu de contrats d'assurance, non plus que les primes, subventions ou autres subsides postaux.

[*Projet de Convention internationale pour l'unification de certaines règles concernant la limitation de la responsabilité des propriétaires de navires de mer* (1) :

ART. 1er. — Le propriétaire d'un navire de mer n'est responsable que jusqu'à concurrence de la valeur du navire, du fret et des accessoires du navire :

...8° Des obligations résultant des contrats passés, ou des opérations effectuées par le capitaine, en vertu de ses pouvoirs légaux, hors du port d'attache du navire, pour les besoins réels de la conservation du navire ou de la continuation du voyage, pourvu que ces besoins ne proviennent ni de l'insuffisance, ni de la défectuosité de l'équipement ou de l'avitaillement au début du voyage.

ART. 2. — La limitation de responsabilité édictée par l'article précédent ne s'applique pas :

...2° A l'une des obligations dont il s'agit au n° 8 de l'art. 1 lorsque le propriétaire a spécialement autorisé ou ratifié cette obligation.

____

(1) Dor., tome 1er, pp. 666 et s.

Art. 4. — Le fret visé à l'art. 1er, y compris le prix de passage, s'entend, pour les navires de toutes catégories, d'une somme fixée à forfait, et à tout événement, à dix pour cent de la valeur du navire au commencement du voyage.]

Art. 5. — V. art. 5, avant-projet de 1913 ;

Art. 6. — V. art. 6, avant-projet de 1913 ;

Art. 7. — V. art. 8, avant-projet de 1913 ;

Art. 8. — V. art. 9, avant-projet de 1913 ;

Art. 9. — V. art. 10, avant-projet de 1913.

Les Hautes Parties contractantes se réservent le droit d'admettre dans leur législation, comme prorogeant le délai ci-dessus fixé, le fait que le navire grevé n'a pu être saisi dans les eaux territoriales de l'Etat dans lequel le demandeur a son domicile ou son principal établissement, sans que ce délai puisse dépasser trois ans depuis la naissance de la créance.

Art. 10. — V. art. 11, id... ou que le montant du fret se trouve entre les mains du capitaine ou de l'agent du propriétaire...

Art. 11. — V. art. 12, id.

Art. 12. — Les lois nationales doivent déterminer la nature et la forme des documents se trouvant à bord du navire sur lesquels mention doit être faite des hypothèques, mortgages et gages prévus à l'art. 1er, sans que toutefois le créancier, qui a requis cette mention dans les formes prévues, puisse être responsable des omissions, erreurs ou retards de l'inscription sur ces documents. A défaut par lui d'avoir requis cette mention, il ne pourra opposer son hypothèque, mortgage ou gage aux créanciers privilégiés de bonne foi.

Art. 13. — Les dispositions qui précèdent sont applicables aux navires exploités par un armateur non propriétaire, ou par un affréteur principal, sauf lorsque le

propriétaire s'est trouvé dessaisi par un acte illicite, et
quand, en outre, le créancier n'est pas de bonne foi.

ART. 14. — Les dispositions de la présente Convention
seront appliquées dans chaque Etat contractant lorsque
le navire grevé est ressortissant d'un Etat contractant,
ainsi que dans les autres cas prévus par les lois nationales.

... V. art. 11, avant-projet de 1909.

Conférence diplomatique internationale
de Bruxelles [Commission 6-9 octobre 1923]

*Projet de Convention internationale pour l'unification de
certaines règles relatives aux privilèges et hypothèques
maritimes.*

ART. 2. — V. art. 2, projet 1922.

ART. 3. — Al. 1ᵉʳ : V. art. 3, al. 1ᵉʳ, id.

Al. 2 : V. art. 3, al. 2, id.

Al. 3 : Les créances privilégiées prévues aux n°ˢ 5 et 6
de l'art. 2 et à l'alinéa 2 du présent article prennent rang
avant les hypothèques, mortgages et gages, si elles sont
nées antérieurement à l'inscription de l'hypothèque et si
mention du privilège a été faite au registre prévu à
l'art. 1ᵉʳ dans un délai d'un mois à compter de la naissance de la créance. La mention au registre pourra se faire
sur le vu d'un télégramme mentionnant le montant et la
cause de la créance.

ART. 4 : V. art. 4, id.

ART. 5 : V. art. 5, id.

ART. 6 : V. art. 6, id.

ART. 7 : V. art. 7, id.

ART. 8 : V. art. 8, id.
ART. 9 : V. art. 9, id.
ART. 10 : V. art. 10, id.
ART. 11 : V. art. 11, id.
ART. 12 : V. art. 12, id.
ART. 13 : V. art. 13, id.
ART. 14 : V. art. 14, id.

***

Conférence diplomatique internationale de Bruxelles (10 avril 1926 (1).

Convention internationale pour l'unification de certaines règles relatives aux privilèges et hypothèques maritimes.

ART. 2. — V. art. 2, projet de 1922.

ART. 3. — Les hypothèques, mortgages, gages sur navires prévus à l'art. 1ᵉʳ prennent rang immédiatement après les créances privilégiées mentionnées à l'article précédent.

Al. 2 : V. art. 3, al. 2, id.

ART. 4. — V. art. 4, id.

ART. 5. — V. art. 5, id.

ART. 6. — V. art. 6, id.

ART. 7. — V. art. 7, id.

ART. 8. — V. art. 8, id.

ART. 9. — Les privilèges s'éteignent, en dehors des autres cas prévus par les lois nationales, à l'expiration du

(1) Dor., 13, 535 et s.

délai d'un an, sans que, pour les créances de fournitures, visées au n° 5 de l'art. 2, le délai puisse dépasser six mois.

...Le délai court pour les réparations et fournitures et autres cas visés au n° 5 de l'art. 2 à partir du jour de la naissance de la créance.

...Les causes d'interruption des délais susdits sont déterminées par la loi du tribunal saisi.

Art. 10. — V. art. 10, id.

Art. 11. — V. art. 11, id.

Art. 12. — Les lois nationales doivent déterminer la nature et la forme des documents se trouvant à bord du navire sur lesquels mention doit être faite des hypothèques, mortgages et gages prévus à l'art. 1ᵉʳ, sans que toutefois le créancier qui a requis cette mention dans les formes prévues puisse être responsable des omissions, erreurs ou retards de l'inscription sur ces documents.

Art. 13. — V. art. 13, id.

Art. 14. — V. art. 14, id.

BIBLIOGRAPHIE

Abbott's law of Merchant Ships and Seamen, 1892.

DANJON. — *Traité de Droit maritime*, tome V, 1910.

DESJARDINS. — *Traité de Droit commercial maritime*, tome Ier, 1878-90.

DUFOUR. — *Commentaire des titres I et II du Livre II du Code de Commerce*, 1859.

HENNEBICQ. — *Droit maritime comparé. 1re partie : Le Navire*, 1904-10.

JACOBS. — *Droit maritime belge*, 1889-90.

LYON-CAEN et RENAULT. — *Traité de Droit commercial*, tomes V et VI, 1911-12.

RIPERT. — *Droit maritime*, 2e édition, 1922-24.

SMEESTERS. — *Droit maritime et Droit fluvial*, 1911.

DE VALROGER. — *Droit maritime*, tome Ier, 1883.

WAHL. — *Précis théorique et pratique de droit maritime*, 1922.

Thèses

DE BÉVOTTE. — *De la règle* locus regit actum *et du conflit des lois relatif à la forme des actes en Droit maritime*. Aix, 1895.

EYNARD. — *La loi du pavillon*. Aix, 1926.

GRASSIN. — *Du crédit maritime et de son organisation en France.* Paris, 1921.

JOURDAN. — *Des sûretés réelles sur les navires.* Aix, 1914.

Périodiques

Bulletin du Comité maritime international (Bulletin C. M. I.).

Revue internationale du Droit maritime (AUTRAN).

Revue du Droit maritime comparé (DOR).

Jurisprudence du port d'Anvers (Anvers).

Jurisprudence commerciale du Havre (Havre).

Journal de Jurisprudence commerciale et maritime (Marseille).

Jurisprudence commerciale et maritime de Nantes (Nantes).

TABLE DES MATIÈRES

DEUXIEME PARTIE

Le privilège des Fournisseurs et Réparateurs en Droit comparé 85

IMPRIMERIE G. VATAR — RENNES